美好家庭必修课

优秀孩子的培养技巧

[美] 马修 · 凯利 (Matthew Kelly) 著
宋南 译

東方出版社

目录

Contents

前言

最近，我在费城出席系列研讨会时，偶遇一位女性读者，与她的一番交谈令我深受启发。会议期间，与我见面的读者甚多，但下面我要讲的却是这个女人的故事，因为这个故事深深打动了我。多年来，她一直在读我的书，并把书中的信息用到她自己的生活中，但她还一直在思考：作为一个单身的母亲，怎样用这些信息来鼓励她的儿子。下面就是她讲给我的故事。

“有一天晚上，我在抱儿子上床时，问了他一个问题，这个问题我已经在心里思考了很多年。‘今天，你都做了哪些事情让自己能成为一个在身体、感情、智力和精神上更完美的人?’儿子用奇怪的眼神看着我，毕竟他只有七岁大，这个问题让他感到十分惊讶。但在第二天晚上，我再次抱他上床时，他问道：‘妈妈，难道你不想知道我今天都做了什么，让自己变得更好吗?’他给我讲了在一天中他如何从上述四个方面提高自己。我们一起回顾了每个方面，这一刻深深触动了我的心。他现在已经 11 岁了，在过去的 4 年中，几乎每天晚上我们都会讨论同样的问题。我亲眼看到他一步步成长为一个健康、体贴、聪明又慷慨的少年，我想如果我没有问那个问题，他是不会长成现在这样的。我是一个单身母亲，没有很多时间来教育孩子，但我做到力所能及的事情。一条微不足道的信息，一个小小的习惯，但对我们却至关重要，从此改变了我与儿子的关系和人生，多么不可思议啊！”

希望通过阅读本书，您能找到一种全新的养儿育女的方式与习惯。

拙作《爱与被爱的艺术》（此书2011年8月由东方出版社出版）一书出版后，我参加了多次媒体见面会，与采访者和读者探讨书中的观点。我至今还对第一次采访场景记忆犹新，那是一档地方电台的早间新闻节目。采访者以我是否结婚的问题作为谈话切入点，当得知我尚未结婚后，主持人步步紧逼地提出质疑：“既然你没有结婚，如何能写出这本书呢？”他对我写作这个课题的基本资格提出了质疑。

接下来很长一段时间内，一轮接一轮的采访，一遍又一遍的质疑，甚至直到今天，仍有读者写信提出类似的疑问。

我是一个乐于接受挑战的人，在第一次采访中，我微笑着回答了这个问题：“一个出色的足球运动员，未必是出色的教练。实际上，历史上很多伟大的教练甚至都不是运动员……”

优秀运动员不是成为优秀教练的必要条件。如果经验是唯一的老师，那么读书的意义又何在呢？

正因为如此，我现在才能在这儿探讨并解决与家庭有关的课题。我至今未婚未育，有些人可能会认为我谈论这些问题时如同隔靴搔痒。但我们都清楚“当局者迷，旁观者清”的大道理，当事人或许因为身陷其中，而不能换个角度思考，或者是周遭情况变化太快，根本来不及思考。

更重要的是，我在工作和旅行中，接触到的一些已婚男女，很多已为人父母。他们对我非常信任，愿意与我分享他们的努力、尝试与成功，并希望得到我的建议。本书就讲述了他们的经历及我从中得到的一些感悟，希望能对你的人生有所帮助。若你在本书中发现与自己日常生活体验相似的情况，或从中看到了身边人的影子，那么请拥抱它，并将从中所学用到你的生活中去吧。如果没有，请将其暂置一边，继续前行。祝愿大家在人生的旅途中一切安好。

第一章

家 庭 的 变 迁

从我高中毕业到今天，刚过去了 15 年，但这些年间，世界的变化日新月异。这种变化在家庭生活中的表现最为明显。目前，在美国，50% 以上的孩子过着与亲生父亲分离的生活。这种现状令人心痛，然而，我想写的却不是这类悲剧，因为这样的书已经太多了。我们可以诅咒这悲惨的现实，也可以点亮一盏明灯，照亮未来前行的路。

什么是家庭?

这个问题十分耐人寻味。如果你想发起一场有关家庭的话题大讨论，最好的办法就是举办一次晚宴，邀请各种各样的人来参加，然后在晚宴上提出这个问题。我敢肯定，这个问题一定会引发人们关于社会和政治问题爆炸性的大讨论。

很多人也许会说这个问题的答案再简单不过了。家庭就是母亲、父亲与他们孩子的组合，而且通常是以一种不容置疑的语气，有时甚至有点儿自大和傲慢，似乎这个答案再显而易见不过，它的存在和时光一样古老久远。

但如果我们穿过大西洋去欧洲或中南美的南部边境去旅行，会很快发现在一些家庭中，不仅有父母、子女，而且有祖父母，甚至曾祖父母，很多家庭中都是几代同堂。这种多代家庭结构在许多文化中仍然十分盛行。这些文化中也有很多有关代际家庭的庆祝活动，这些代际家庭关系中包括姑、姨、叔、舅、侄、甥。

那些刚才用不容置疑的语气回答的人，在听到这个后，也许立刻会改口说："狭义上讲，家庭是母亲、父亲及他们的孩子的组合，噢，但从广义上讲，祖父母、姑、姨、叔、舅、侄、甥也是家庭的一部分。"众所周知，在今天的美国，家庭的概念已经成为"应该由谁来抚养孩子?"这个颇具政治意义问题的代名词。

我的好朋友派特·雷森尼是一位富有声望的商业作家和顾问，我有幸见过他与他的执行团队一起工作的情形。他和那些高管们所做的一个案例涉及企业的核心价值观。大多数商界领导人都会认为：任何公司都应拥有一套核心的价值观。如果你去参观很多公司的总部，你会发现，从年度报告、大厅的广告牌再到走廊里的小型海报，从办公室的隔间到餐厅，核心价值观无处不在。但如果你询问公司雇员其中的含义，大部分人会回答：毫无意义。之所以会有这个答案，是因为这都只是些没有实现的口号。一天，几个 CEO 聚在一起，决定要为公司树立一些核心的价值观，因为他们看到其他公司都有。加之所有的公司都应有明确的核心价值观，这点在目前已经取得了共识。于是，他们选取了诚信、激情、服务之类的价值理念作为公司的核心价值观。但这家公司的雇员从日常工作体验中得知这些价值观纯属空谈，在公司具体实践中根本没有得到实施。因此，这个理念没能创造出团结与和谐的氛围，相反，却制造了抵触和不满的情绪。

出现这种状况的症结在于：当这个执行团队坐下来讨论核心价值观的时候，他们没有问："我们的核心价值观是什么?"而是问："我们的核心价值观应该是什么?"因此，事实上，他们所提出的是雄心勃勃的价值观（即对公司的理想），而非实际的核心价值观（即公司现有的价值观）。

同样，当提出何为家庭这个问题时——大部分人给的答案只描绘了脑海中理想家庭的状态，并没有说出在现实生活中他们的家庭或大部分家庭的实际情况。

再回到晚宴上的那个答案上来——“家庭就是母亲、父亲和他们的孩子”——根据这个定义，让我们看看有多少人被排除在了家庭之外。一对带着孩子的同性恋夫妇显然不能算，当然，多半情况下，设计这个答案的意图就是为了排斥他们。但如果我们撇开这个敏感的社会和政治问题不谈，根据这个定义，还有哪些人被排除在家庭之外呢？单身的母亲们和她们的孩子，不能生育的夫妇，领养的子女，托养家庭，抚养孩子的祖父母及这些孩子，再婚夫妇和他们第一次婚姻中的孩子，等等。

如果有人问：对孩子成长最有利的环境应是什么样的呢？我认为理想的情况是：孩子由亲生父母抚养成人，且这对夫妇深爱彼此，矢志不移地为自己与对方的成长付出，全心全意将孩子培养成一个健全的人，最大限度地取得力所能及的成就。或许广泛而深刻的代际和多代际的家庭生活也是完美家庭的一部分，为孩子提供良好的教育及旅行机会也是。

但我们现实的生活永远不会像礼品的包装那样整洁、美观，大部分时间通常是麻烦不断，乱成一团。很少有孩子从小到大都成长在完美的环境中，也许一个也没有。但这个问题确实有助于我们了解完美的家庭应该是什么样子。

家庭是什么？它不是我们脑海中家庭的样子，不是我们希望拥有或应该拥有的，也不是理想中的，而是我们现在实际拥有和得到的。世界上没有一个家庭是完美的，所有的家庭时不时都会面临各种麻烦与困境。区别仅在于，有的家庭烦心事多一点，有的少一点。但我们不能说这样的家庭就不是家庭。

因此，虽然我们进一步赞美和深化对家庭和养育孩子的理想的认识十分重要，但更重要的是要意识到当前我们的家庭状况和亟待提高的方面——让我们就从今天开始。以下的章节，会讲到一些实用的方法和见解，也许会有助于你建设一个更好的家庭。本书被命名为“美好家庭必修课”，而不是“完美家庭必修课”，因为完美家庭只存在于我们的想象中，如果这些虚幻的想象在我们心中稍稍占了上风，常常会阻碍我们享受已经拥有的、或可能拥有的美好家庭生活。

家庭和当今文化的关系背道而驰

开始讨论建设美好的家庭唯一的切入点是对家庭目的的审视。建立家庭的意义是什么？这个问题的答案只能从人的生活愿景中来寻找。人不是为家庭而活，反之，家庭应为人而存在。从本质上讲，人的意义是什么呢？如果你读过我早先的作品，你就会知道我曾多次提到，从本质上讲我们生活的意义在于做更好的自己。你为不断完善自己而生，为成为一个完整的人而生，而非生来只为做某事或完成某种任务。我们生活中所有的事情——人际关系、学习、工作、社会活动、娱乐都只是为实现自我而提供机会。你对子女、配偶或者父母有更高的期待吗？你会为他们的成功尽情庆祝吗？这是我们对所爱的人的终极梦想。

对家庭的愿景始于人的愿景，因此，我们会再次提出这个问题：家庭的意义何在？我认为在于彼此间相互帮助，从而能成为更好的自己，并在这个过程中，为社会和人类做出更大的贡献。家庭是组成社会的基本单元，遗憾的是，我们现在很少会听到要建设美好社会，也许是我们误以为这样的社会已经建成。因此，尽管探讨这个问题似乎显得有点多余，但为了清楚起见，我们还是再思考一下：为什么建设和维持美好的社会如此重要？是因为好的社会能培养出优秀的人，让人们能最大限度实现自我，从而让人类上升到一个新的阶段。家庭（从这个意义上讲，文化或社会）的本身并不是目的，它的存在有更重要的社会意义。家庭、文化、社会只有在帮助它们的成员实现了更好的自我时，才真正体现了存在的意义。

这些观点从理论上讲是完全正确的。但我们都知道在日常生活中，要时刻捍卫和实现愿景有多么难，加之环境的不利影响，无疑又给愿景的实现雪上加霜。

人与家庭都生活在社会和文化中。乌托邦文化旨在帮助每个社会成员实现最好的自我。然而，众所周知，现实人类世界并非如此。因此，审视我们当下的文化动机十分重要。

文化的意义何在？总的说来，它的意义在于为社会上的人们提供一些广阔的经验。但实际上，这种广阔应该服务于一些更伟大的目标。无限制地追求广阔的经验是危险、不负责任和十分轻率的。真正意义上的文化是将人们暴露于一系列理念与经验下，旨在激发和帮助每个社会成员做更好的自己。我们应该用内心基本的意志来观察人类经验的各个方面。因此，从某种程度上说，文化只有在帮助社会成员实现最好的自己时，才具有价值。

毋庸置疑，现在的文化没能做到这一点。我们无时无刻不受到当代文化理念与经验的冲击，这些理念与经验不仅不能帮助我们实现最好的自己，更糟糕的是，它常常为我们自我的完善带来了障碍。音乐、电影、电视、杂志、剧院、商场购物、音乐会等带给我们的益处越来越少。

那么，我们文化具体的目标是什么呢？这是我们面临的一个令人担忧的问题。我们文化的愿景是没有愿景，文化的规划是没有规划。目前我们面前的残酷现实是：我们文化中没有关于人的愿景。

如果以上文字都会让您觉得困惑，那么想象一下，对于一个普通的青少年来说，这种文化的实际体验又该让他们多么困惑呢？

这不可避免地又触及这个困扰我们已久的问题：如果我们的文化没有伟大的愿景，它将走向何方？思考片刻后，人人都会知道问题的答案。什么在驱使着现代流行文化将我们的社会淹没？答案是：广告和消费。今天，大多数现代文化的目标无非是创造和鼓励消费。尽管去年的衣服穿起来和今年的没什么两样，但会因为过时突然就变得一无是处。汽车、手机、家具、电子产品等无一不是如此。

当前的现实是：我们的文化不是在提升人，而是在消费人。家庭愿景和现代文化的无愿景相互对立，将家庭置于文化战争的中心。

文化战争

在当前文化中，任何一个有志完善自我的人都面临一场艰难的战争。确实，即使我们处于一种有利于追求理想的文化中，但我们自身的一些障碍，如懒惰、拖延、嗜好等已足以让我们履行使命变得困难，更何况当前的文化还与我们的追求背道而驰。

关键问题不在于文化的本身，而在于我们看不到这种文化的愿景何在。与我们愿景背道而驰的文化是一个问题，但更关键的是我们不能认识到或勇于承认这一点。

但无论你意识到与否，如果你正在努力实现以下任何一个目标，就会不可避免地被卷入文化战争。

建设美好的家庭；
养育出色的孩子；
经营美满的婚姻；
做最好的自己。

我们现存的文化不但不利于建设美好的家庭，反而在加速摧毁它。的确如此，如果消费是当前文化愿景的核心，一个破裂的家庭任何东西都需要双份：两栋房子、两台洗衣机、两部割草机、两张餐桌，等等。如果你的目标是不断制造和增加消费，你也许会希望世界上这样的家庭越多越好。

同样，我们的文化也不利于养育一个出色的孩子。你最近一次在流行电视节目中看到一个教养良好、无私、体贴的孩子或年轻人是什么时候？安妮·弗兰克那样具有同情心和美德的年轻人在我们现代文化中处于什么位置？

如果你的目标是建设一个真正的充满活力的美好家庭，如果有多种的文化可供选择，你一定不会选择今天的文化。文化在促进和维持健康婚姻中的作用举足轻重。然而，我们的文化在促进忠诚的、充满活力的婚姻方面又做了些什么？

最后，从大的愿景来说，当前的文化能在哪些方面帮助我们实现最好的自己？几乎没有。真正想从这种文化中成长起来的人需要经过漫长的努力，寻求必要的办法来滋养这段旅程，锤炼自己，抵制不停地出现在你面前的、诱惑你偏离自身追求的当代文化观念与影像的冲击。为什么呢？当下的文化除了想卖给你点什么外（观念或产品），没有真正的使命，没有伟大的愿景，也没有长远的规划。此外，我们发现消费并不受那些致力于成为健全的、有益于社会的、自信的人们所驱使。是的，只有那些自我、自利、享乐和没有安全感的灵魂才需要最新的消费品，来感觉到自我的存在。感情健康的人的消费比感情不健康的人要少得多。正是铺天盖地的广告让我们对自身、对社会的贡献都感到不满，从而造就了一批缺乏安全感、精神生活贫乏的消费群体，对他们来说，只有购买和占有才能带来心灵的平静。

我们的文化一味地迎合低俗的大众口味，日甚一日。如此一来，造成社会整体文化水准的不断下降。文化造就人。如果你对建设更好的家庭，养育很棒的孩子，经营美满婚姻，做最好的自己略感兴趣，此刻，你应清楚认识到：当前的文化不是你的朋友，而是你的敌人，你正处于一场非常严峻的文化战争中。

你仍然不相信我们正在遭遇文化危机吗？看看下面的数据吧。在美国，拘留所和监狱的犯人超过了 220 万，400 万人缓刑，还有 100 万假释人口。据估计，在这些人中 80% 患有物质依赖症。2005 年全美有谋杀案件高达 16 692 起，强奸案93 934 起。还有大量的未被报道的性侵犯案件。美国每年暴力事件超过了 100 万起，并且，越来越多的孕妇成为此类事件的攻击目标。根据 2002 年的报道，在这个国家，每年因酗酒酿成的车祸超过 159 万起，100 多万名司机因吸毒或酗酒而被捕；每天有至少 8 000 名青少年感染新发现的性传播疾病；超过 50% 的 15 岁少女有过口交经历；每 7 秒就有一位少女染上烟瘾；16 岁少年中，65% 以上至少每 10 天就观看一次成年色情视频；过去 50 年中，年轻人和青少年的自杀率增加了 5000%，沮丧抑郁已成为一种流行病，4 年大学生活在声色犬马、轻率鲁莽与漠视他人中溜走，甚至若不如此，便会被视为异类。

波士顿大学的教授克雷夫特·彼得博士，现出版作品已超过 25 本，针对当前的文化现象，他如是说："如果你们不能看到我们整个文明正处于危机中，那么你已经成为这场战争中的受伤者，我们现在正处于世界上有史以来最严峻的战争中。要想赢得任何战争，须清楚三件必要之事：（1）你已卷入战争，（2）你的敌人是谁，（3）你要采用何种战略，使用什么武器才能打败他们。如果你在战场上宣扬和平，与盟友交恶，或没有使用正确的武器，那你注定会一败涂地。"

我还要补充的是：你得清楚自己为何而战。在捍卫什么？胜利的意义何在？一旦失败，将会面临什么风险？另外，你还须知道自己的盟友是谁。这些问题都至关重要。当我们面临考验时，只有知己知彼，才能获得勇气与必胜的信心。

今天的文化不仅与我们对生活的追求背道而驰，而且，它的力量不容小觑。如果我们想把家庭建设得更美好，从始至终都要认识到：丝毫动摇都会让我们前功尽弃。另外，还需意识到：要赢得这场文化战争，光靠零星的技巧（包括我在本书第三章、第四章讲到的那些技巧）远远不够，我们需要制订长远的战略，时刻来指导我们的生活。

你愿意做一个“离经叛道”的人吗？

将当下的文化与我们对家庭的梦想和希望简单地做个最基本的比照和审视，很快就发现：这种文化与我们对家庭的愿景格格不入。但对此，我们又能做点什么呢？

大多数的父母肯定会说，为了子女的自由成长、健康和成功，他们愿意做任何事情。但你们愿意与主流文化抗衡做一个“离经叛道”的人吗？这是一切问题的症结所在。

“离经叛道”在这儿的意思是：无论何时，当主流文化对你和你的家庭的成长无益时，你愿意远离它。反对主流文化并不是件容易的事情，因为你常会遭到众人嘲笑，但它也能起到净化心灵的作用，有益于子女和父母性格的成长。实际上，如果有足够多的人能选择这种生活方式，那么他们将会开创一种新文化。这是任何一种新文化诞生的必由之路。如果大多数人都不去观看那些语言粗俗、品位低下、充斥着暴力的电影，那么投资人就会考虑拍摄品位高雅的佳作，帮助、激励人们去追寻和完善自我。需求决定市场，所有行业莫不如此。

当前文化将产生什么样的后果，已是一目了然。从子女、家庭和自身角度考虑，我们必须决定它是否是我们所要的。如果希望得到不同结果，就必须采用不同的方法。要能够得到截然不同的结果，就必须采用截然不同的方法。而且与子女相比，父母更需要无畏的勇气、强大的内心、不屈不挠的意志。做领导者不易，做永远不犯错误的领导者则更难。而父母就是一个家庭的领导者。

我在日常生活中无论什么时候打算做某件事，总会观察以前是否有人做过此事，他们成功的原因是什么。谈及教养子女，很少有人能和我的朋友马克和丽兹夫妇相提并论。他们夫妇住在肯塔基州，育有两女，凯蒂和丽莎，一个 23 岁，一个刚满 19 岁。这两个年轻女孩成熟、慷慨、体贴、风趣、真诚、善良。我相信，她们与任何人相处——无论是国家元首，还是无家可归的流浪汉，她们得体的举止都会令对方印象深刻、赞叹不已。在我所认识的年轻女孩中，她们姐妹二人出类拔萃，举止得体、聪明、具有奉献精神、迷人。

她们之间偶尔会发生争执吗？当然。但两人在核心价值观上惊人相似，而在另一些方面却完全不同。这点也毫无疑问。难道是身为父母的马克和丽兹运气很佳？绝对不是。

教养子女成功与否和运气并没有关系。我与马克夫妇相识已近 10 年，在长期的交往中，我观察到，是马克和丽兹在日常生活中所做的无数小事，造就了这对了不起的父母。同时，我认为，可以把他们的成功归结为两点：参与和关注。他们对女儿的成长经历，她们的希望和梦想、恐惧和失败、疑惑和需要都十分关注。他们也十分喜欢参与女儿的生活。有些不是他们必须做的，但他们却想要做。他们把这些事看做是一生中令人欣喜的特权，而非一种例行其事。

马克和丽兹夫妇作为父母的成功也源于他们诸多的个人习惯。首先，他们两人都致力于不断地学习与成长。他们会将最平常不过的生活体验当做一次次的冒险，总是充满好奇与热情。即使对待萍水相逢的人，也能报以真诚的关注。他们夫妻两人生活简朴、健康，都酷爱读书，乐意为对方、为孩子和朋友做出牺牲。值得反思的是：这些品质大多与我们的主流文化思想背道而驰。

记得丽莎刚学开车取得驾照的时候，父母给她第一辆车的预算是 15 000 美元。那时，马克是一家年收入 60 亿公司的首席执行官，年薪数百万，他无疑有能力满足女儿想买任何车子的愿望。但他们夫妇开着普通的美国汽车，有意过着一种简朴的生活。马克和丽莎花了几个星期的时间谈论汽车，浏览二手车资料，最后，丽莎买了一辆奥兹莫比尔牌（Oldsmobile）多功能小汽车。父母对她购车的预算是想让她懂得：钱也是一种有限的商品。现在，丽莎不仅拥有了自己的车，而且用自己当保姆和暑期打工赚来的钱来支付汽车的油费。

如果马克夫妇为了图省事，可以直接为女儿租辆新的捷达，开回家交差完事。但如果那样，丽莎会失去多少次学习的机会呢？不仅如此，在以后的日子里，丽莎还会回想起第一次购车的经历，回忆起和父母一起讨论问题的快乐时光。

一般美国孩子到 6 岁后，花在看电视上的时间将会比一生中与父亲交谈的时间还要多。而凯蒂和丽莎却不同，这并非因为她们看电视的时间比同龄人少，而是因为马克和丽兹为孩子们做了最终极的投资——时间。孩子们都渴望和父母一起共度时光，相互了解，嬉闹游戏，如果父母与子女互动的时间充分，才容易营造出轻松愉快的氛围，这种氛围在讨论严肃的事情时十分重要。

这是一对成功的父母和一个美好的家庭的榜样。那他们完美吗？当然不。如果你去做一个采访，他们也会率先承认这一点。但这个家庭的成功之处在于：作为父母、子女、配偶、姐妹，他们所做的一些事情十分正确，并值得我们学习和效仿。细心观察你就会发现：这个家庭成功的原因多半是因为他们愿意与主流文化抗衡，你愿意吗？

家庭目标与文化冲突

目标是一个反主流文化家庭的重中之重。一个家庭应树立明确的目标，而且要将它作为全体家庭成员不可动摇的共同目标。做最好的自己，就是所有家庭成员共同的不可动摇的伟大目标。目标为家庭带来了稳定和方向。这个目标要像北极星一样永恒，永不动摇，才会给人们以追求的方向。

在家庭出现矛盾时，才能体现出这个目标的最大价值。

人际交往中，矛盾与冲突在所难免。特别是在家庭中，大家脾气秉性各异，年龄兴趣不同，加之每个人都处于不同人生阶段，对生活的体验自然也不同——这些都不可避免会引发矛盾。并非某个人品质不良或做得不对，而是因为：每个人都独一无二，与众不同。

在家里，我们常常要花大量的时间来回避矛盾、平息纷争。父母通常是这一角色的扮演者，子女和祖父母有时也会充当“和事佬”。我们的目标是不计一切代价地息事宁人，但矛盾却无时不在。

矛盾会给家庭带来不愉快的氛围。很多情况下是因为我们从小被灌输了这样的思想：矛盾不是件好事。是的，因无礼、粗鲁、自负与自私而引发的矛盾，确实不是好事。但并非因为矛盾本身，而是因为它对人造成的消极影响。所以，矛盾本身并非坏事。事实上，如果我们能正确对待和处理矛盾，它会对家庭关系、人际交往等起到良好的推动作用。

我们需要保持矛盾的健康性。要做到这一点，只有一个途径，即：树立共同的目标，无论何时都不动摇。

美国作为一个国家的共同目标体现在了它的宪法中。当然，美国两百年间还陆续出台了修正案共计 26 部。但这正是宪法起草者为捍卫国家利益而制定的不可改变的核心目标的明证。宪法（永不动摇的共同目标）为什么拥有如此强大的力量？因为它在国家动荡、过渡或出现分歧时，为人民提供引导和方向。面临新的发展机遇时，我们将参照宪法，审视前行的方向是否依然正确；危机关头，我们也要参照宪法，以寻求最佳解决方案。

美国宪法规定：国家在处理一切问题时，都要遵循宪法法律。宪法的作用不可估量，没有它，国家将遭受难以想象的考验。

我们作为个体，也需要一个不变的共同目标。这一点早些时候我们就谈过，但并没有这样明确。你不变的目标是做最好的自己。无论你已饱经沧桑、步入中年，或意气风发，青春正盛，都不能改变。尽管不会时时被记起，但它就在那儿，沉淀在你内心深处，在等待你的发觉和追寻。每天每时每刻，你做每一件决定时，需要做的就是问自己：我将要做的事，将要说的话是否会帮助我成为最好的自己？这个问题会为你指引方向，赐予你无穷的力量。

在人际交往中，我们同样需要一个不变的共同目标。否则，也会乱成一团。让两个朝截然相反的方向奔跑的人，风雨同行，怎么可能？人们可以职业不同，兴趣各异，但要建设充满活力的、成功的、持久的人际关系，就需要我们具有一个共同的、不变的目标。任何一种关系的目标，都是要帮助对方做最好的自己。无论是夫妻、情侣、兄弟姐妹、父母子女，还是朋友同事之间皆是如此。大家需相互帮助，成就彼此。

在家庭中，帮助家人树立这个目标不仅是父母的责任，也是我们每个家庭成员的责任。甚至新生的婴儿也承担了一份责任，他的出生让家人放慢了生活的步伐，学会了感恩生命。

每个家庭及家庭成员的不能改变的共同的目标就是帮助家人做最好的自己。

一旦确立了共同的目标，即使出现冲突，也是建设性的。因为只有大家目标一致，在出现争执时，才会就事论事，而不是就人论事。你会对我说："马修，我认为我们应该这样做，因为只有这样才会让我们更好。"我可能会说："这样做不行，因为……"我们争论是针对目标的本身，而不是个人之间的口角；是为达成目标而进行的理性探讨，而非逞强好胜的意气之争。

将这个目标作为家庭的中心。如果你的家里有十几岁的少年，需要让他们认同你的这个目标。如果得不到认同，就不可能创造出活力互动的关系。因为如果得不到认同，出现分歧时，大家心里就会为不同的目标而争执。正如丘吉尔永远不可能与希特勒坐在一起谈判，因为他们的目标有天壤之别。

如果你的孩子尚小，情况就会简单很多。因为，你可以把这个理念引入你的家庭，他们会欣然认同接受。这并不是说你对孩子进行了洗脑教育，而是他们尚未受到毫无远见与目标的文化的侵袭。每个人都渴望能做最好的自己。作为家人，我们只需要鼓励他们并激发出他们心底的这种渴望。

举个简单的例子，就很容易理解了。如果一个四五岁的孩子跑过来问你："我可以做这个吗?""我能有那个吗?"你这样回答："那样做能帮助你成为最好的自己吗?"这个问题可能因年龄大小产生不同的效果，但一旦孩子理解了这个理念，他们会知道什么事情能做，什么事情不能做。你无需作任何解释，因为人人心中都存有这样的渴望："希望自己加更出色!"

当然，作为父母，你清楚地表达这个理念十分重要。你需要向孩子说明你在不同时期的不同任务。向他们解释教养并非一场嘻哈的人气竞赛，而是一项严肃的任务。当你给孩子写生日贺卡时，一定要重申并强调这一信息。你在孩子外出野营时或在他们毕业时写给他们的信中，要将所有事情与这个宏伟的目标联系起来。文化信息需要不断重复加强，像风一样在耳边偶尔轻轻飘过一两次是不管用的，有时你甚至需要重复到令人感到厌烦的地步，但却十分有效。如果你能简洁而持续地传递这样的信息：这样做有助于你成为最好的自己吗？你正在帮助你的朋友实现这个目标吗？他们也同样在帮助你吗？为了实现这个目标，作为父母，我们能为你做些什么？我们一起探讨并寻找方法吧；我们不再去吃外卖，一起回家，我为你们做些火鸡三明治。

我想，你一定得知了孩子们听到这个理念的种种看法和反应吧？他们也许会说，一听到你的这些唠叨就让人心烦透顶。但那表明他们在听。不断重复，将理念植入孩子的脑海，也许过不了多久，某一天某一刻，他们就会开始在心里自觉地思考这个问题。

你除了希望孩子能最大程度实现自己的价值外，对他们还有更高的期待吗？换句话说，你对子女的终极梦想是什么？假如孩子一生只能得到一次你的指引，那么就告诉他们你对他们的终极梦想，它将引导你的孩子走上真、善、美的道路。

如果想加深孩子对这个问题的认识，不妨在他们面前表现得弱势一些，让他们来照顾你，对你负责。你最近一次征求孩子意见是什么时候？问问他们对于你有什么样的期望，你怎样做才会更好。

许多父母曾告诉过我，他们问了儿女这个问题后，孩子们的反应通常都是爱答不理。当然，如果你要求孩子谈吐文雅，自己却脏话连篇；你鼓励他们多吃健康食品，少看电视，而自己却在周末下午懒洋洋地躺在摇椅中，抱着大包薯条，大口喝着啤酒，饶有兴致地看球赛…… 你可以想象你的孩子对此会有什么反应。毫无疑问，当你下次管教他们时，一定会遭到他们的反唇相讥。对此，千万不要感到惊讶，相反，你应该对孩子的这种做法表示鼓励与欢迎，因为他们是在帮助你，你应对此心存感激。你的态度和做法会对他们以后的行为产生潜移默化的影响。

每个人对家人的成长都负有责任，你要让孩子懂得：他们也有义务帮助你。责任不是一条单行线，人人肩上有责任。

矛盾与冲突不可避免。和谐的关系和家庭并非没有冲突，而是他们能用积极、健康、温和的态度来对待和处理它们。树立明确的家庭目标可将冲突由消极转为积极，由破坏性转向建设性。我们一旦把帮助和成就他人做最好的自我作为努力的目标，那么每一次冲突都会变成一次接近目标、实现目标的机会。

第二章

我 的 家 庭

在我的记忆中，童年时代十分美好。一半是因为它的确如此，另一半是因为我容易忘掉所有不愉快的经历。我在悉尼长大，父亲伯纳德，母亲珍妮，另外还有七个兄弟：马克、西蒙、安德鲁、布莱特、南森、伯纳德和哈米什。我出生于1973年，小安德鲁两岁，长布莱特一岁。从我记事起，我们全家就一直生活在贝雷斯福德路104号。

我的父母

人们经常会问起我的父母，但我从来不知道该如何回答才好。我的父亲出生于伦敦，他是家中独子，二十来岁的时候来到澳大利亚并定居下来。父亲经常给我们讲他小时候过的苦日子。那时候我们兄弟还小，一听到他讲到这儿，常常会以一种怀疑的语气与神情嬉笑着附和道："当然了，爸爸。"似乎他在讲一段天方夜谭的故事。我的父亲是一位真正的绅士，他是迄今为止我认识的唯一的一位一诺千金的人。我的母亲出生在澳大利亚，是家中四个孩子中的老小。她和大多数女性一样，性情敦厚，内心坚强。她以自己独特的幽默感面对生活中的困难坎坷，照顾着父亲和我们兄弟八人。母亲说她一直就想要男孩。她的口头禅是："养小子容易得多。"私下里，我则认为父亲心中更想有个女儿。当母亲怀上小弟哈米什的时候，我记得那时曾想过：如果母亲生的是个女孩，我们的生活又会发生怎样的变化呢?

我小的时候从未想过父母有一天是否会离婚，这个念头甚至从未闪过我的脑际。他们之间的爱坚如磐石，对我性格的成长起了关键性的作用。这听上去似乎有点幼稚或随意，但确实如此。每天，他们之间的爱都会在我脑海里回荡。父亲每次出门前都会和母亲吻别，我还经常无意中碰见他们在厨房里亲吻和拥抱。那时，母亲正在为我们准备晚餐，父亲刚下班回来。

他们深爱彼此，对此我心中毫无疑问。也许，当我们都外出时，他们会手拉着手，会在一天中抽空给对方打一分钟电话(有手机前)，并不是有什么事，而只是想看看对方过得怎么样。也许他们交谈时，对对方充满尊敬与仰慕，或者他们从未表现出对对方的不敬，是因为他们会经常赞美对方，即使为一件很小的事情。他们能记住对方的生日及各种纪念日，即使对方一些小小的要求也不会忽略。他们会留意到对方的一个发型、一双新鞋、一件漂亮衣服，他们由衷地赞美爱情。我和我的兄弟们都知道，我们每个人的生命就是他们爱情的赞歌。

我们很小的时候，母亲每晚会把我们抱上床，盖好被子，为我们读一篇睡前故事，然后吻每个人，道晚安。那时，我们兄弟住双层床，每个屋子里两张，母亲就坐在两个房间的走廊里为我们读故事。天天晚上如此，已成惯例。当做完这些事儿时，她就慢慢地下楼去了，一走到楼梯口时，她会大声说："孩子们，我爱你们。"而我们也会齐声回答："我们也爱你，妈妈。"当她悄悄地下楼时，我们兄弟中又有人会突然喊一声："妈妈，我爱你。"然后一个接一个，每个人轮流喊一遍。母亲会一一回答我们："我爱你，南森"，"我爱你，安德鲁"……

我的父母为养育我们八兄弟，付出了巨大的心血。但他们并不是完美父母，他们的孩子亦然。但在做事时，他们都竭尽全力；犯错时，也乐于承认。我和我的兄弟们不时也会令父母、家庭甚至我们自己失望。但这是自我发现与成长的必经之路，而并非父母的养育之过。

当我回忆起童年时代，常常会沉浸在许多美好的往事中。有时，我会从当代文化的角度反思过去，想象如果我在另外一种环境中长大，又会是什么样子？最近几年来，我用了无数的时间来思考父母育儿的秘诀所在。现在总结出几条简单经验：

首先，他们总是鼓励我们做真正的自己。根据我们每个人不同的兴趣，因材施教，分别培养。在实际行动中，他们一对一地帮助我们。当我初次对艺术产生兴趣时，母亲就开始带我去画廊，我们一起去看展览，然后坐在咖啡店里聊天。而这只是她与我单独相处的形式之一。也许我们一年只去一次美术馆，但她这种全心的关怀给了每个孩子与她单独讨论问题的机会。我开始参加高尔夫比赛时，我的父亲会开车送我去赛场，并且陪我一起上场。同样，父母会根据我们不同的兴趣爱好，与我们一一共度时光。我相信，正是因为父母的这种养育方式，才没有让我们感到自己只是芸芸众生中普通的一分子，更重要的是避免我们变成芸芸众生中普通的一分子。

我的第二大发现是父母非常善于赞美我们。他们的赞美不是那种错误或肤浅的赞美，而是注意到我们的成长与进步后，给予真正的、诚恳的赞美。这种源源不断的赞美汇入我们的心田，给了我们前进的勇气和信心。成年以后，我才体会到：没有什么比一个真诚赞美更能令人开心了。

最后，在审视他们的育儿经验时，还有一件事情不得不提。我回忆起童年生活中每个重要的时刻，没有一次父母不在我的身边。他们很少参加交际活动，也从不在自己的兴趣爱好上花费很多时间，而是与我们兄弟共同度过了无数的时光。对他们而言，增进亲子关系的“黄金时间”就意味着：要与孩子们一起度过“很多很多时光”。

也许没有人会写一本关于我父母的书，但他们却是活出了自己的价值。我和我的兄弟，我们的孩子及我们孩子的孩子将会把这把火炬传递到世界各地，传递到未来。他们的精神将永远流传下去。

我从父亲那里继承了他思路清晰、喜欢思考和正直的品质，我祈祷它们会随着时间而增加。还从母亲那里继承了对生活中简单事情的热爱，及她身上一部分坚韧的品格，我也期待这些品质会随时间而更加充盈。

随着年龄的增长，我也逐渐认识到父母育儿之道的缺点和不足。但尽管如此，我也更感激他们为此所做的牺牲。

我一直被爱着……这不是一件微不足道的小事。

凯利家的男孩们

从我记事起，人们就称我们为“凯利家的男孩们”，有时在聚会上，有人会走到我们一个兄弟的身边，问道：“你是西蒙·凯利的弟弟吧?”或者在我做完自我介绍后，有人还会问“你是施德福街区凯利家的兄弟吗?”不能说我们都长得很像，但我们之间确实有惊人的相似之处。尽管在我们一生中，人们经常试图将我们混为一谈，但母亲对她每个孩子的个性都了如指掌。人们会常问我：“你的兄弟们和你像么?”当然不像。

父母把我们养育成人，坚信我们每个人来到这个世界上，都有自己存在的独特意义。他们鼓励我们兄弟间的友爱与团结，但同时也强调我们每个人自我感的培养及坚持走自己的路的重要性。

与我相比，长兄马克继承了我父亲身上大部分沉静的智慧与诚实的品质。他在去世的前几年，一直是我的密友和顾问。但我童年的大半时间，马克与我的嫂子克莉丝汀及两个侄女艾玛和希奥在墨尔本生活。墨尔本是澳大利亚第二大城市，距离悉尼约 1 000 公里。很多年来，我们每年只能见到一次。但自从他们 1998 年移居悉尼后，为我们的家庭聚会增添了新的活力。在我年龄尚小、还没有能力向父母学习的时候，马克教我如何处理人际关系、养家，因为他们那时也正在摸索和学习这些东西。有这样的兄长和朋友我深感荣幸。他于 2004 年不幸在一次车祸中丧生。至今，我仍没有习惯离开他的日子，有时候仍然会拿起电话，打给他，想告诉他一些事情……对兄长的思念，将伴随我的余生。

在我认识的和未曾认识的人中，我的二哥西蒙绝对是独一无二。他性格爽朗、张扬、好动、爱热闹，西蒙·凯利无人不识。他大我 12 岁，在我少年时代的早期成长过程中，他起了重要作用。他常常带着兄弟们去各种地方，每次都去一个不同的地方。带我们去看电影、看球赛、逛主题公园或带我们出去吃午饭。他以一种与父母完全不同的方式和我们交谈。并非父母的谈话方式有什么错，而是有时候有些事情，更适合兄弟们之间谈论。西蒙也是我见过的最慷慨的人之一，对大多数人而言，最大的优点也同样是最大的弱点，西蒙也不例外。他心地善良，常常会给我很多启迪，使我在短短 30 多年的人生中懂得了：没有比开怀大笑更令人愉快的事了。我的哥哥西蒙是我认识的最有趣的人。他知识广博，体育、艺术、政治、国际新闻、流行文化……无所不知。他思维敏捷、幽默诙谐，是个绝对的乐天派。每次和他在一起，我都会笑到面部抽筋。

安德鲁排行老三，我排行老四。他对痛苦具有极罕见的忍耐力。我从未见过任何一个男人能做到这一点。当然，这种能力在女性身上十分常见，而在男人身上则完全不然。他在很大程度上继承了我母亲的性格——沉静的内心。因为这种品质的缘故，他自然十分喜欢那些需要耐力的体育项目——长距离的游泳、长跑，尤其是骑自行车。安德鲁每天坚持骑车 100 公里，这个习惯已持续了近 10 年。我非常钦佩他的能力。他总是不断给自己制定出更高的目标，进行更强的训练。很久以来，他一直是我心中的榜样和努力的方向。

兄弟排行上，我在安德鲁之后，布莱特之前。

布莱特是个天才。他是我亲眼见过的智商超群的人之一。我已经观察到他身上的这种品质很多年了。起先还有点怀疑，因为我们经常会碰到非同凡响的天才，天才只是大自然的恩赐。但我及时发现了这种才能的源泉：每件他擅长的事情后面都经过了非常坚实的训练。布莱特的意志十分坚强。和西蒙一样，他的优势也同样是他的劣势。每个认识布莱特的人都知道他偶尔会非常任性。但他在所做的每件事情上都取得了卓越的成绩。

南森正数排行第六，倒数排行第三。孩子时代的他很叛逆。有些人认为他是个粗鲁的淘气鬼。但事实上，在内心深处，他是个十分敏感的人。他热爱诗歌、崇尚美，无论何时何地，美的东西都让他无法抗拒。从广义上讲，他也是个艺术家，这与艺术本身无关，而是一种对待生活的态度。南森是个

“愤怒的青年”，他憎恨当代文化中的一切谎言，鄙视虚伪，一旦遇到不公和虚伪，他的火爆脾气一点即燃。与生俱来的艺术家的正直品质，让他的思想超越了尘俗，但却无法从中得到解脱，所以注定要承受伴之而来的痛苦。

我最喜欢的就是南森的个性。如果他愿意，在我所认识的人当中，他就是那最有魅力、最可爱、最迷人的一个。我想这是因为他很容易接受别人，无论他们的处境如何。南森从不试图控制和改变别人，他乐于接受并喜欢他们现在的一切。

伯纳德排行老七。爱尔兰民间传说认为，第七个儿子的第七子一定具有特殊的天赋。我想这是因为说这句话的爱尔兰人明白：生七个儿子的几率微乎其微，第七个儿子也需有七子，这种几率近乎为零。顺便插一句，你们认为一个家庭有八个儿子，而没有一个女孩的几率又有多大呢？总之，尽管伯纳德不是第七个儿子的第七子，他同样被赐予了特别的天赋。他识人的能力非比寻常。我注意到他这个特质时，他大约 13 岁。其中一个兄弟问他：“你认为某某人怎么样？”他的回答显示出的洞察力让我吃惊。当初次见到伯纳德时，你很容易低估他。但一定不要被他的外表蒙蔽哦。他就是他，就在那儿，只是他的内心世界不为你所知罢了。我的弟弟伯纳德是我认识的最勤奋的人。我想如果我能找到 5 个和他一样勤奋的人，我们在一起也许能够改变这个世界。有一点十分确定：如果他决定做一件事时，他会投入到完全忘我的地步。你要么去帮助他，要么就离他远一点儿。

哈米什是我最小的弟弟，凯利八兄弟中最年幼的那个。我认为在某种程度上他生活在哥哥们的影子中。我的兄弟们都十分可爱、聪明、有趣，而且个性鲜明。每个人在自己的领域都表现出色，有的还产生了很大社会影响。哈米什不得不成长在这些影子下。这对他来说十分不易。每个人都必须找到自己的生活方式，但哥哥们的成功，给哈米什造成了太多的影响和干扰，让他对自我追寻变得更为困难。我写本书时，他年龄尚小，还有足够的时间来成长。我祈祷他能对自己耐心一点，慢慢找到属于自己的路。因此，他才会有勇气坚持走下去。他天真烂漫，给家庭带来无尽的欢乐。无论何时我看到他，都想给他一个拥抱。他的个性也极强，极富吸引力。但他的缺点在于面对挫折时容易气馁。我希望随着年龄的增长，他能克服这一点。

这就是我的兄弟们。有关我们童年时候的往事，我能给你讲上几天几夜，有的故事会让你大笑，有的会让你流泪，也有的可能会让你觉得不可思议。

我已经给大家讲了我的兄弟们是谁，与他们本人相比，他们所从事的工作实在是微不足道。但我愿意满足大家的好奇心。马克是澳大利亚一家大型连锁超市的首席执行官，西蒙是位财务顾问，安德鲁先是一名银行家，后转型成为一名企业家。布莱特是名会计师，伯纳德是麦当劳的顾问，哈米什是位保安。我是个作家、演讲者兼商业顾问，但对他们来说，我只是他们的兄弟马修。被人爱着，也爱自己，与你的职业无关，这才是一切生活的真谛。

六点钟的晚餐

在我成长的过程中，每天晚上我们一家人都会聚在一起，共进晚餐。关掉电视、广播，将学校布置的作业放在一边，大家围桌而坐。我从没必要问妈妈晚餐几点开始，因为我们家的晚餐永远是6点钟。回顾童年时代，我发现我们家每天都有很多例行的习惯，每天按部就班，准确无误。

我的父母为我们创造了一种生活方式，一种家庭文化，给了我们一种稳定感。在和平时期，一个国家会将注意力从战略防御、单纯生存转移到成长发展和繁荣兴旺上来。同样，如果孩子们获得稳定感，恐惧感才会减弱，真我个性才能绽放。童年时代的习惯给了我稳定感。我们现行的文化抵制这种惯例，但它却是培育真我个性成长的沃土，并且一直都将是。

晚餐前我们一定会祈祷。每晚的祷文都相同，由我们兄弟中一人领唱，全家人跟着一起唱。“主以仁慈之心待众生，我等感激不尽；主以仁慈之心待众生，赐我阳光、雨露、苹果籽等一切生活必需之物，主以仁慈之心待众生，阿门！”

随着年龄的增长，我越来越欣赏母亲的才能，感激她为我们做的一切。每天晚上，她都会为我们准备可口的晚餐。有时是我最喜欢的食物，有时不是。但我亲爱的妈妈总会努力烹饪精美的菜肴，有时，她会为准备一桌特别的饭菜而忙碌一整天。但在晚餐时间，我们都坐下后，难免会有人说出令她失望或扫兴的话：“这算什么菜呀？”我想那时母亲的心里该有多难受呢？整天和一屋子的男人生活在一起又该有多单调呢？但母亲每天做的晚餐都热乎乎的，味道棒极了，不论她准备了多少饭菜，从来不会有剩余。

我们开始吃饭时，每个人拿到盐、胡椒粉、面包、黄油和西红柿酱时，父亲就会站起来绕着桌子，一个个地询问他的儿子们：“你今天过得怎么样？”“很好”、“不错”这样的答案是不被接受的。我们都明白，他希望我们能与他分享一天中发生在我们身上的一件事，也许是学到的一点知识，也许是有关老师和朋友的一些新闻，也可以是训练时发生的趣事。父亲听完我们每个人的话，会接着问几个问题，并就此给我们一点启发。这样，每顿晚餐时间，每个人都获得了一次说话的机会。当和我们兄弟的对话结束后，他会转向我的母亲，问她这一天过得怎么样。这种方式听上去十分文雅，但我的兄弟们可不是那种安静、害羞的乖孩子。他们似乎总喜欢评头论足。有时就某件事展开热火朝天的讨论，那白热化场面有点像国会或议会在讨论某个具有争议性的问题。嘲弄、欢呼、含沙射影、争论不休、低声咕哝，有时甚至剑拔弩张，火药味儿十足。

我到各地演讲时，很多人会问我如何克服演讲中的紧张情绪和种种困难。我的回答是："即使面对万人之众演讲的压力，也无法和在凯利家的餐桌上阐述自己一个小小的观点的压力相提并论。"他们笑了，认为我是在开玩笑。但我没有，事实确实如此。

在我们兄弟成长的不同阶段，都不同程度上对父母的善良、温和、无可挑剔的行为及存在感进行过抗议。兄弟之间，有时甚至也会闹得水火不容。但总而言之，餐桌是个奇妙的地方，能提供我们一种美妙的体验，令人兴奋。因为你从来不知道在餐桌上将会发生什么。

我仍然模糊地记得，小时候马克和西蒙为由谁来洗碗的事争吵。当我长大些到了可以帮忙做家务的时候，家里已买了洗碗机，那时，我们又为谁来将碗碟放进洗碗机内而争吵不休。为此，我们定了制度：按长幼排序，一人一周做一次，年龄太小不能胜任的弟弟除外。我记得十分清楚，有一次轮到南森了，但他不太想干。于是掀起了一场哲学性的辩论，但这场辩论很快变成了与我们母亲的全面争论，母亲迅速胜利，南森败北。因为他的理由是哈米什从来没干过，所以“这样不公平”。他忘记了那时哈米什才 3 岁。

日复一日，我从每天的晚餐的讨论中积累了大量的知识，体育、艺术、政治、世界新闻、文学、音乐，当然还有商业知识。等到我 18 岁考上商学院时，我确信从餐桌上学到的知识足以让我完成学位。贝雷斯福德路的餐桌是我的商业启蒙学校。晚餐是一种文化的体验，更是一段家人团聚的时光。无论我们个人生活怎样变化，在生活中不断面临怎样的挑战，母亲六点钟的晚餐，一如既往，它成为我们家庭的试金石。我们认为这理所当然，但我希望有一天有了自己的孩子，也能为他们准备六点钟的晚餐。

这就是我们谈论自己家庭的方式。像圣诞节的贺卡和书信一样，只在人们面前展现最美好、最亮丽的一面，只讲述一年中最精彩的时刻，隐藏一切有失体面和令人尴尬的事儿。我的家庭温馨而美好。但你千万别幻想这是个完美的家庭，有时，即使处于最好的状态，我们也能把原本十分有趣的事情搞得乱七八糟。家家有本难念的经。我的家庭也不能例外。我不想让你另作他想。

第三章

二十一世纪的育儿之道

我在今天的报纸上看到一则新闻：一个年轻人刚刚大学毕业，他和许多毕业生一样，毕业典礼一结束，就直接去了代托纳海滩参加一个为期一周的狂欢派对。昨天晚上，他喝得烂醉如泥，回到酒店上洗手间时，栽倒在地，摔断了脖子。毕业后刚 3 天，大家都还在谈论他的美好前程时，他却死了。

他的父母又会有什么样的感受呢？几天前，他们还对儿子的未来充满了憧憬，全家人沉浸在满满的幸福之中。22 年来，他们扶持他、养育他、鼓励他、爱他，而现在他却突然死了。何其痛哉！这对父母在夜深人静、痛苦无眠的时候，会扪心自问吗？会感觉到自己应对此负有责任吗？会不会想到在孩子成长的路上，如果他们采用了不同的教育方法，就不会出现这个不幸的结果了呢？或者他们会认为这场可怕的意外，可能会发生在任何人身上——无论是醉了还是清醒着。

他们在儿子的毕业典礼上，也许会想：“我们的任务终于快要完成了！”然后相互拍拍对方的肩膀，长长地舒了一口气。但现在，内心无法言喻的痛苦，永远挥之不去。他们对自己的养育方式感到懊悔吗？事实上，发生这样的不幸后，每对父母莫不如此。因为很少有父母想过，孩子有一天会先自己而逝，而他们每天要承受丧子之痛。曾失去过孩子的父母会告诉你：这种痛苦将是无尽无休的。

在日常生活中，我们常常对自己的育儿之道反思得太晚或不够。养育子女不只是在毕业、婚礼等人生重大的时刻进行阶段性的总结和庆祝，而需要我们时常反思。育儿也不是关于毕业、婚姻、成功、职业、财富、名誉及身份的教育，而是在一天要结束时，我们应回顾一天的经历。如果将一天教育子女的情况分为红、黄、绿三种颜色的灯，你今天的灯是什么颜色呢？这种简单的方法可以让我们对自己的育儿之道进行自我评估。如果你今天的是红灯，你会明白原因所在，或许已经知道了该如何改进。若是黄灯，同样如此。若是绿灯，你会想："明天又是新的一天，我要振作精神，耐心沉着，坚持下去。"成功地养育子女不是一蹴而就，而是要每天坚持，常年不懈。

怎样做一个成功的父母？

我提出这个问题不是为了助长今天人们迷恋成功的集体心理，而是希望这个问题本身能帮助我们更好地理解成功与养儿育女的含义。当谈及养儿育女时，我们通常持主观态度。有一些人会认为自己不是个好的父母，但作为父母，他们中的大部分却做得非常好。有些父母认为自己已经做到最好了，但结果是，他们对子女的教育却常常是马马虎虎、固执己见。那些能认识到自身不完美的人，每天才能够在子女的教育上付出实实在在的努力。作为人类，我们常常会发现：一个人想了解和认识真正的自我十分困难，这点同样也延伸到养儿育女上。

父母在办公室、教堂、商场闲聊的话题总是离不了孩子。"最近孩子们怎么样？"回答多半是一连串的令父母引以为荣的成就或者冒险活动。这样的答案很少见："麦克因为吸毒被抓了"；"苏珊和她遇到的每个男孩子都勾勾搭搭"；"杰森在初三考试中所有课目都挂了"。这样的闲谈无关紧要。但是当我们晚上躺在床上时，如何来评价我们自己的孩子？作为父母，我们能给自己打多少分？

在评价我们是否是个成功的父母时，我们很容易采取一些主观的参考，我们将孩子与同龄人相比，与兄弟姐妹相比，与邻居相比，我们还容易为他们的一些明显的缺点和重大的错误找借口。“他只是做了每个年轻人都会做的事”，“这是她成长过程中的一部分”，　“今天的世道和我们年轻的时候不同了”……

对大多数父母而言，他们感觉在养育子女方面已经做得很出色，但这仅仅是一种感觉而已。也许他们已经是世界上最好的父母；也许他们非常粗心大意，自己却没有意识到这一点，还认为自己已经做得相当不错。这是与什么相比来说呢？如何衡量？应采取什么标准？如何确定？在本章中，我将对这个问题作详细探讨。对养育子女而言，怎样才算做得很好？怎样才算成功？

根据我的观察，当我们评判某人作为父母是否成功时，我们会立刻观察他们的孩子。

我们会先看他们的孩子现在过得怎么样，然后用一整套个人主观的标准，来评判他们的成功和失败。

我们完全忽略了这个人及他的孩子还在不断成长，我们常会根据自己的偏见夸大他们的优缺点。所有的这一切都是极为主观的。

作为父母，是否存在一些客观标准能用来衡量他们做得怎么样？是否取得了进步？当然，这个标准就是美德。

切记：生活是一切关系的总和，包括夫妻关系、父母与子女的关系、朋友与同事关系、商业关系、国家之间的关系。所有的关系实质上都是人与人之间的关系。观察一种关系的核心，我们会发现一个永恒不变的真理：两个具有美德的人往往比两个缺乏美德的人更容易建立良好的关系。在现实生活中，两个有耐心的人总是比两个缺乏耐心的人更容易相处；善良慷慨的人们之间远比自私的人们之间更容易相处；相互体贴的人们比冷漠的人们更容易相处。基本的美德是一切充满活力的、持久的关系的核心。当然，很多情况下，我们也会看到怯懦等其他恶行乔装打扮成美德的模样。但它不在我们的讨论范围。我在这儿要谈论的是真正的美德。

如果生活是一切关系的总和，养育子女就是帮助子女为以后的生活做准备。好的父母是一所美德的学校。美德是我们要在孩子身上寻找的品质。我们要观察他们是否具备了善良、耐心、诚实、正直、温和、勇敢、可爱、谦逊、体贴、温柔、同情等品质。

也许我们执著于所追求的品质，但我们必须面对这个现实：你不可能直接控制孩子的行为。任何有着倔强的、不听话的孩子的父母都清楚这一点。也许你认为你已经控制了孩子的行为，但事实上，最后你会发现根本没有。

从另一方面来讲，你可以完全控制自己的行为。这才是你应该关注的。你的行为对孩子产生的影响比任何语言和父母的权威都要大。美德是一切人类行为与成就的顶峰。我们可以通过这个问题来衡量你的一天在教养子女方面是否做得很好："在今天的生活中，我的一切是否体现了善良、耐心、诚实、正直、温和、勇敢、可爱、谦逊、体贴、温柔、同情等美德？"

我们不但要努力生活，为孩子树立美德的榜样，还需要培养对结果的超然态度。在美德的学校，他们必须融入到生活中，锻炼独立做出选择与决定的能力。要成长为与你我一样的大人，无论何时何地要做选择时，都能在善与恶、好与次之间做出选择。

能以超然的态度对待任何结果并不容易。有时候你会觉得自己已经具备这个能力，但一遇到事情时，你会发现：自己根本没有超脱。我在培训梦想经理人的时候，经常不断重复地提到这一点。梦想经理人是一位人生的教练，帮助人们去寻找他们的梦想，并为实现梦想制订战略计划，根据所制订的计划，督促他们一步步实现梦想。梦想经理人的工作不是替客户实现梦想，而是帮助他们制订策略，鼓励他们沿着梦想之路前行，鞭策他们践行自己所说的话。最出色的梦想经理人知道：他们的工作是竭尽全力为客户提供源源不断的鼓励和支持，但并不对结果负责。

我总是会遇到一些父母，自身很优秀，但在教养孩子上却做了傻事。作为父母，他们没有尽职尽责吗？多数情况下并非如此。关键是要决定自己想过什么样的生活，想成为什么样的人。但让孩子做出自己的选择，不要越俎代庖。我们作为父母所能做的就是：为孩子指出我们认为的最好的道路。

生活的道路千万条。如何知道哪一条最适合你的孩子呢？斯蒂芬·科维的《高效人士的七个习惯》是 20 世纪最成功的著作之一。如果你问人们："你如何知道这是一本成功的书呢？"大部分人会说，看销量啊！这本书已经售出了几百万册。但他们忽视了真正的原因所在。它之所以成为本时代最成功的书是因为它挑战和改变了人们看待自己、看待世界及看待人与世界之间关系的方式。同时，它还改变了人的行为方式。本书讲的第二个习惯和我们此处所讲的尤其相关："在思想上以终为始。”

从一开始就知道“好”是什么概念非常重要。如果我们不知道自己将去向何方，那么即使再多的努力也是徒劳。作为父母，要尽早考虑自己所努力的方向和想要得到的结果。因此，让我问你们两个问题。第一个问题是：“你希望你的孩子用哪个词来描述你自己？”第二个问题是：“在那时，你希望用哪个词来形容你的孩子？”

让我们先考虑第二个问题。父母和孩子似乎用了大量的时间努力适应这个社会，做个“正常人”。你会说出这些话么？如你的孩子成年后，开始了他们自己的生活，你想使用“正常”这个词来形容他们么？如果不是，为什么我们在养儿育女方面要奔着“正常”这个目标而去呢？另外，最近你有没有审视一下所谓的“正常”是什么样子？若“正常”即意味着和大多数同龄人保持一致，和他们做同样的事情，这是你真正想要的么？

你希望为你的孩子选择下面哪个词：可爱、自信、慷慨、成功、富有、出名、友善、虔诚、具有美德、令人钦佩……或许你希望说：“我的孩子很有个性。”

一些父母想让孩子出名，为实现这个目标付出了很多，但却不愿承认这点，总是说为了孩子自身好。很多父母或许会说他们将选择“个性”这个词，但仔细观察你就会发现，他们每天的教养方式与设定的目标背道而驰。当被问起他们对孩子的期望是什么，大多数父母会说：“想要孩子们生活得幸福。”但要教养出孩子们的“幸福感”不容易，主要是因为我们认为：如果孩子成功了，他们就感到幸福了；或者，如果他们成功了，他们就有能力解决将来人生道路上遇到的其他一切问题。

事实上，那些在取得成功之前就有幸福感的人会一直感到幸福。多数情况下，成功常常成为人们追寻自我、认识自我的障碍，而非助推力。

那么，你会选择哪个词作为自己培养子女的方向呢？

朝着某个结果来教育子女的思想从理论上讲并不简单。身为父母，你每天要做很多的决定，但你选择的这个词会帮助你做出决定。在紧急的时刻，你常常没有充分的时间来思考。你需要提前做准备，这也是为什么我们现在要进行反思的原因。因为紧急的时刻你不必再花时间思考。很多情形下，你需要迅速给出答案。你没有时间慢悠悠地说："让我想想看。"如果你选择了"个性"这个词，它就成为帮助你做决定的过滤器。

让我重新回到第一个问题上。我们已经讨论了你希望用来形容孩子的那些词儿。但你想让孩子用哪些词来形容你呢？和上面的那些词一样么？如果不一样，原因是什么呢？无论这个词是什么，同样也会成为一个过滤器，这个词针对的不是养育之道，而是你自身的行为。

如果你选择了美德这个词，当你感觉到自己在某种情景下变得焦躁不安时，你就会自我反省。这样，这个词在每时每刻都会为你的生活提供指导。

可是话说回来，或许一个词远远不够。你也许需要一两句格言。我用"做最好的自己"这句话来审视我在生活中所作的每个决定。我将要吃的食物有助于我实现这个目标吗？我的朋友在帮助我实现这个目标吗？我看到的电影、书，听到的音乐将引导我走向这个目标吗？

也许你也想将它作为你养儿育女的方向。关键是你要清楚自己的方向，没有方向，何谈抵达？没有目标，又何谈实现？

21世纪成功的养儿育女需要不懈的努力、坚强的意志、明确的目标。总而言之：需要有个性，而美德是个性的基石。选对方法，事半功倍。文化熏陶的力量至关重要，如果想要我们的孩子捍卫和实现最好的自己，我们必须要尽己所能，将他们用美德与个性武装起来。最好的方法就是我们自己以身作则去践行。

你是一位领导者吗？

你最近一次阅读关于领导的书籍是什么时候？最近一次把自己当做领导是什么时候？父母的角色就是领导者，而领导者不是一个被动的角色，必须有前瞻性，要么就别做。年轻人需要领导，如果他们生活中缺乏真正的领导，就会受大众传媒的误导。让我们一起花几分钟的时间，探讨一下伟大的领导者应努力培养的九种品质。

1. 伟大的领导者具有远见卓识

马可·奥勒留对罗马帝国有着宏伟的愿景。美国的奠基人同样如此。要成为领导者，须具有远见卓识。你的愿景不需要多么复杂、多么具有革命性，或多么新颖。远见卓识通常是最朴素的。你对家庭的愿景是什么呢？你心中清楚吗？如果你自己都没搞清楚，又怎么和孩子们探讨呢？

如果你认同“我们每个人生活在世界上就是为了做最好的自己，在追寻自我的过程中相互帮助”这个观点，那么，你就有了自己的愿景。下一步要做的就是和孩子们交流你的愿景，不断地交流沟通。身为父母，你也许比很多领导者更清楚：有些事情仅说一遍是远远不够的。作为领导者，无论你想传递什么样的理念，都需要就这些不断地与人们交流，并以身作则去践行。

养儿育女很大程度上也是在培养父母的领导力。杰出的领导者需要有明确的愿景。因此，身为父母的你，需要为自己、为孩子、为家庭树立愿景。

2. 伟大的领导者具有决断力

一旦你树立了愿景，就拥有了强有力的组织工具。身为父母，你在日常生活中每周都要做很多事情和决定。而愿景就是一个能帮助你辨别事情轻重缓急的有效工具。如果没有愿景，最重要的事情就容易被众多的日常琐事所淹没。但仅有执行力是不够的。领导者不仅要领导团队做事，更重要的是要领导大家做正确的事。愿景会时刻警醒你的首要任务所在。

决断力是愿景赐予我们的另一个实用礼物。作为父母的你，每天要做无数的决定，但所做决定的依据何在？依你的心情而定么？如果这样，你的孩子会不会知道当你累了的时候他们正好可以逃避某些事情？或者专门会等候你厌倦时才会提及某些话题？

一旦你树立了愿景，它就成为你做决定时首要考虑的因素，并且不可动摇。在以前，有些问题可能会困扰你好几天，但有了愿景后，你就能够迅速果断地做出决定。

决断力是伟大领导者必备品质之一。

3. 伟大的领导者重视榜样的力量

没有什么能比真实的力量更伟大。这是亘古不变的真理，但是在今天这个时代，没有任何东西、任何人似乎是它们表面上看起来的样子。年轻人对真实的感知有着惊人的直觉。

伟大的领导者不用空谈领导人们，而是用行动来领导。

对领导者来说，行动胜于一切。你只有乐意参与其中，用实际行动来践行你要求其他人做的事情，才会赢得尊敬。如果你自己就是个烟民，却告诉孩子们不要抽烟，这样的做法毫无意义，无论你的出发点多好，也无论你的愿景有多伟大，或者探讨愿景的技巧多么高超。古谚语有云："行动比空谈更响亮。"

如果你想劝说孩子吃有营养的食物，定期锻炼身体，只简单地给他们讲"这样会让你更健康、更幸福"，"这样能帮助你实现最好的自我"等道理远远不够。愿景虽然伟大，但没有榜样的愿景，等于空谈。作为一位领导者，你需要从自身做起，吃营养食品，定期锻炼身体，以此来证明你因此明显比以前更健康、更幸福。

这样，孩子才乐于服从你的领导，愿意追随你指引的方向。如果你站在原地不动，只是指手画脚，孩子们就会质疑你的领导力。

4. 伟大的领导者值得信赖

正确的愿景会受到人们的欢迎，优秀的决策能力、以身作则的领导艺术会赢得人们的信任。但你值得信任吗？每种关系中都会遇到这个问题。

如果你带着你 13 岁的孩子去参加一个活动，主办方规定 12 岁及以下的孩子可以享受特别的价格优惠，你会怎么做？很多人会选择说他们的孩子只有 12 岁。我哥哥以前也曾教我这么做。那样确实可以为你节省几美元，但你却付出了怎样的代价？你这样无疑等于在告诉你的孩子：偶尔撒个谎也无伤大雅。你正在教孩子如何撒谎，让孩子对我们自身的言行相悖而麻木不仁。你在告诉他们你是个骗子。实际上，你的行为是在暗示孩子：不久的将来他们也能对你撒谎。

你的言语即你的誓言。如果你所说的话不能让人相信，会彻底摧毁你的领导力。领导那些信任你的人已经够难了，更别提领导那些总在内心猜疑你的人了。他们之所以猜疑你，是因为想知道你是否值得信赖。

伟大的领导者清楚真实的力量。他们赞美和拥抱真实。即使有时真实会让你陷入艰难之境，会损伤你的名誉。但从长远来看，对一个领导者而言，没有什么比真实更宝贵的品质了。在某种程度上，你可以因缺乏愿景、优柔寡断、不能以身作则等而失去人们的信任；但作为一名领导者，如果人们不再相信你说的话，你的领导力会在顷刻间瓦解，分崩离析。

5. 伟大的领导擅长讲故事

有人认为伟大的领导者需要有非凡的魅力，但事实却非如此。有很多领导者并非魅力非凡，却获得了惊人的成功，这样的例子在商业与政治领域数不胜数。但要想成为一名伟大的领导者，你必须学会讲故事的技巧。

人人都需要激励与鼓舞。只有受到激励后，才能行动起来。仅靠教育是不够的。我工作的很大一部分内容就是为个人、企业及团体提供有价值的信息，激励并最大限度地激发他们的潜能。我不停地演讲、写作，总希望能鼓励人们去为自己、为家庭、为国家、为世界创造一个更好的未来。然而，尽管我已去过几十个国家，为数百万的人进行过演讲，但我自己每天也仍然需要被激励、被启发。因此我会经常听广播，阅读伟大的作品和文章，尽量将自己置身于风趣的、令人鼓舞的人们中间。人人都需要被激励。

历史上最有权势的人都擅长讲故事。因为故事能够造就人。无论讲故事的人是纳粹头子阿道夫·希特勒，或是美国内战的领导者亚伯拉罕·林肯，什么样的故事造就什么样的人。伟大的领导者懂得利用故事的力量，他们会与追随者们一起探讨鼓舞人心的故事。

你的孩子们在听什么样的故事呢？如果他们的故事是从音乐、电影、书籍、视频游戏、杂志、网络或电视中而来，这些故事就会塑造他们。当你想想这个普通的孩子每天都在听的故事，不禁让人有点毛骨悚然。

从另一个层面上讲，我们首先要考虑自己要给孩子们讲什么样的故事——我在这里指的不是你给他们讲的睡前故事，尽管这也在他们的个人成长中起了一定的作用，而指的是我们与孩子们在交谈时你所讲的故事，我们能以身作则地践行的故事。

你如何选择自己的生活，是你每天讲给这个世界的、最震撼人心的故事。你的这个故事会影响到你生命中的每个人，甚至影响到成千上万从未谋面、素不相识的人们。生活不仅仅是个人的私事，而是会产生社会影响的一种公众行为。你生活的方式也许会影响到一代又一代人，直至时间的尽头。

你怎样来演绎自己的生活故事，这对你的孩子产生的影响比任何事情都要大。心理学家的门诊每天挤满了患者，他们想极力弄清楚父母讲给他们的故事是什么意思。

除了那些亲密的生活故事外，让我们思考一下：在交谈时我们会给对方、给孩子讲什么样的故事。我们要一起谈论当今糟糕混乱的世界，还是谈论那些令我们敬仰的人们，谈论他们令人敬仰的原因所在？我们是要喋喋不休地讨论名誉和财富，还是花些时间谈论我们身边的平凡英雄、良师益友？你告诉过孩子你很爱自己的父母亲人吗？有没有对孩子讲过那些曾对你有过重大影响的老师和教练？他们了不了解你以前的生活？知不知道你和他们的母亲（父亲）是怎样相识相知的？

故事的力量如此强大，伟大的领导者会不断锻炼讲故事的技巧。一旦时机需要，各种激励人心的故事即能信手拈来。

6. 伟大的领导懂得与人合作

养儿育女的漫漫旅途中，你不可能一个人完成一切事情，还需要伙伴的合作和帮助。你的团队合作能力和领导能力永远都是成正比的。

即使对单亲父母而言，养儿育女也不是一个人能完成的任务。当然，一般来讲，你首要的合作伙伴是你的丈夫或妻子，除此，还要考虑各种各样的关系：你的父母、兄弟姐妹、邻居、朋友、孩子的老师、教练、你年长的孩子，等等。搞清楚谁是你的团队成员，谁是你的伙伴与合作者，这点十分重要。

但最重要的是要认识到：你的孩子也是你的合作者之一。这也是你需要和他们探讨愿景的原因所在，因为你需要从他们那儿获得帮助，需要请求他们的帮助。你要向他们解释你正在为之努力的愿景，要求他们参与进来，共同努力，将愿景变为现实。

合作即意味着要同心协力、目标一致。因此，一旦你确定了你的合作伙伴，你需要和他们沟通你的愿景。将你的愿景告诉孩子的老师和教练。通常情况下，我是这样和他们交流的："我想竭尽所能鼓励我的孩子做最好的自己。如果你能用同样的方式来促进这个愿景的实现那就太好了。"你会发现，大多数人都没有愿景，如果你的愿景具有足够的说服力，他们将会非常乐意支持你。甚至他们也会将你的愿景拿来作为自己的愿景。不久后，他们还会鼓励所有的学生这样做。

伟大的领导者懂得：一个人不能完成所有的事情，需要选择伟大的伙伴和合作者，借以扩大自己的影响。

7. 伟大的领导者善于说服别人

当孩子年龄尚小时，比较容易用父母的权威来管理，这种方法会取得一定的成功，但最后会遭到孩子的抗拒、反叛。为什么呢？因为这是一种专制的领导行为。相信你我都有同样的体会：伟大的领导者更擅长使用说服力而非赤裸裸的权力来实现领导。

我不是建议你去劝说在超市里想要得到一块巧克力而大哭大闹的一个两岁大的孩子，他尚少不更事，劝说对他的成长并无裨益。相反，这时你用父母的权威来管理会更有效。但领导者要谨慎使用赤裸裸的权力，不必要时，尽量不要用。

说服的艺术是伟大领导者必须具备的更高超的能力之一。愿景、真话、榜样、真相、信任、高超的讲故事技巧，这些都是有效说服的重要条件。现在，我们需要用所有的这一切说服我们的孩子去行动。一个不能说服追随者去行动的领导者，还称得上是领导者吗？

说服的关键在于：让别人相信你的提议是出于他们的最大利益考虑。最具有说服力的销售员通常卖的都是最好的产品，因为他们相信自己所卖的产品将能够改善消费者的生活。最佳的演讲者是那些对自己演讲的观点深信不疑的人。当然，那些不负责任的销售员、夸夸其谈的演讲者不在我们的讨论之列。因此，如果你要说服孩子采纳你的愿景，并且无论你督促与否，他们都能持之以恒地将愿景付诸行动，你首先就要让他们相信：你在设身处地地为他们的幸福着想。

做个自私的人对我们来说非常容易，因为这是大多数人人性中的弱点。只有经过长期不断的修炼才能克服自私，培养出先人后己的美德来。至关重要的是：要让孩子们知道，你是在帮助他们成为最好的自己，不是为了自己生活得更轻松，也不是为了获取向他人炫耀的资本，而仅仅是出于对他们的爱。但事实上，无论你说什么都收效甚微，行动才是唯一最具说服力的方法。

8. 伟大的领导者会犯错误，且不会装作无所不知

几十年来，领导力法则一直将脆弱视为领导者的弱点。今天在各个领域，越来越多的领导者认识到：这个观点不过是一种心理上的“皇帝的新装”——自欺欺人罢了。脆弱不会削弱我们的领导力，相反，它还会让我们更强大。当我们将内心痛苦的挣扎展现给人们时，他们通常会情不自禁地想给予帮助。向人示弱不容易，但却是现代的领导者必备的品质。

你在孩子面前装作从不犯错毫无意义。他们到一定的年龄后会很快意识到这一点，反而立刻会失去对你的信任。一个无法令人信任的领导者，除了他自己外，还能领导谁呢？

记得小时候有一次我闯了祸，母亲把我送回自己的房间。在父亲回家前，我一直待在自己的房间。父亲回来时，母亲简单地给他讲了事情的经过，自然是让他过来和我谈谈。当父亲进来房间时，我正躺在床上，他拉了一把写字椅坐在我的床边，问我今天过得怎么样。我回答道：“很好”。他接着又问我今天发生了什么，我又答道：“没什么。”我想那时父亲一定会十分恼怒，大发雷霆，但他并没有，却给我讲了一件他曾经做过的傻事，通过这件事将他自己的弱点展现在我面前。正是这种弱点为我们缔结了一个心灵的纽带，让我们的关系更加亲

密。当父亲讲完故事时，他说："马修，现在你妈妈告诉我你做了一件傻事。你是个聪明的孩子，如果一直这样下去，你的生活将会变成什么样子呢？你要为自己创造美好的生活，但请让我来帮助你。"

从始至终，父亲甚至从来没有提过我是因为什么原因而被送回房间的。他只是用他自己的错误与过失，现身说法，让我明白了一个道理：人人都会犯错。而我们正需要这样的宽容。这个理论听上去似乎很奇怪，但确实如此，孩子们比任何人都更需要宽容。如果一旦孩子形成害怕失败的心理，结果将十分可悲。在棒球比赛中，平均300分的击球率会让你成为一名优秀的棒球手。我想同样，生活中也如此，伟大的领导者会犯很多错误，但他们勇于承认，并从中学习，然后继续前进。

领导者之所以能成为领导，他们身上的另外一个品质是：他们从不装作无所不知。如果你总认为自己能回答孩子所有的问题，那你就错了。这种想法源于你的骄傲，它本身就是十分危险的。而且，它还让你丧失了一个大好机会—— 一个教你的孩子学习如何才能找到答案、去何处找寻答案的机会。

向孩子承认"我不知道"，并没什么大不了，但要紧接着说："让我们一起去寻找答案吧！"

小时候，父母会带我去图书馆寻找问题的答案。我想今天做这件事简直再容易不过了，只需用谷歌快速搜索引擎，输入你的问题，轻轻一点，答案就出来了。让孩子学会去寻找答案是我们作为父母能送给孩子的一件实用的礼物，是在承认了自己并非无所不知后，打算送给孩子的唯一珍贵的礼物。当然你也可以借故离开一会儿，先去找到问题的答案然后告诉孩子，继续装作一个无所不知、无所不晓的父母。但你这样做就剥夺了孩子人生中最重要的一课。

伟大的领导者不怕犯错，也无惧承认在某些事情上的无知，不怕说："我不知道！"

9. 伟大的领导者具有坚忍的意志

在当下缺乏愿景的文化中，如果你想为孩子创造一种更好的生活，必须要有超乎常人的坚忍意志。

二战爆发前，甚至战争已开始后的几个月，很多人还天真地认为如果能找到合适的人选坐下来与希特勒谈判，仍然有可能说服他停战。而温斯顿·丘吉尔从一开始就坚信：谈判根本无济于事，只有武力才能结束希特勒邪恶的思想与计划。甚至当纳粹军队已经开进了奥地利、波兰、意大利和法国，还有许多国家认为可以通过谈判来结束这场战争。丘吉尔唤醒了英国人民以武力抵抗德军侵略，保卫家园，并最终解放了大半个欧洲。当时，欧洲大陆笼罩在一片血雨腥风下，无数人在大屠杀中丧生，在这种极端严峻的形势下，丘吉尔必须做出艰难的抉择，并且在血腥战争时期，日复一日，持之以恒，致力世界和平的实现。身为父母的你，同样需要这种坚忍不拔的精神。

有时看来，你的孩子似乎是你的敌人，但事实决非如此。真正的敌人是从缺乏愿景的文化中孕育出来的思想对人们所产生的影响。这种文化已有上千年的历史，铺天盖地而来，充满诱惑，从各个方面侵袭着你的孩子。而你的任务就是给孩子树立一个愿景，并毫不动摇地坚持下去。

下面是 1941 年丘吉尔在他少年时代的母校哈罗公学演讲时的名言："我们将战斗到底，决不屈服，决不！决不！决不！决不！决不！"

父母和领导者的角色之间有着必然的联系。你可能从未想过父母要承担领导者的角色。没关系，让我们从现在开始。孩子们需要领导者，如果你不扮演这个角色，就会有人利用这个好机会鸠占鹊巢。他们可不会像你那样为你孩子的最佳利益着想。父母们，行动起来吧！从现在起，开始思考怎样成为一名领导者，研究领导的艺术，阅读有关领导力的书籍，学习一个伟大领导者应具备的素质。没有谁是天生的领导者，领导者是经由每件小事、每个决定的点滴锤炼而成的。

我们的孩子需要什么?

需要是人类生活的核心，也是我们存在的核心。我们并没有像想象中那般坚强，实际上，在很多方面我们脆弱不堪，无能为力，伤痕累累，亟待帮助。有时，我们的安全感和稳定感只是刹那的幻觉，突如其来的疾病和意外会在瞬间将它们击得粉碎。人生就像一场冒险，我们因各种“需要”而被紧紧连在一起，当我们认识到自己和别人的需要时，才会迸发出真正的力量。了解孩子真正的需要，引导孩子去认识和发现他们真正的、合理的需要不仅不是一件易事，同时也是一门最微妙的艺术。

今天，我们对“需要”这个词的使用相当随意。几周前，我走进一家商场时，售货员过来问我：“您今天需要买点儿什么?”他的这个问题触动了我，我开始想到底要买点儿什么。触动我的原因是我想了又想，我真的什么也不需要。最后，我还是给自己买了一条漂亮的牛仔裤，但事实上我真的不需要它。就算几年不买衣服，堆在家里的衣服也穿不完。

“我们的孩子需要什么?”被问到这个问题时，我们怎么回答呢？

我们所有的人都有四个基本的需要：身体需要，感情需要，智力需要及精神需要。一个婴儿出生时，如果没有人抱她、照顾她、抚摸她，她就活不了多久。婴儿最基本的需求是需要人的照顾，否则，她就无法存活。同样，此刻你也有最基本的需要：你需要呼吸空气。要是突然没有了空气，不出几分钟，你就会死。你还需要喝水、吃饭，否则你的生命就会受到威胁。这些是我们人类最基本的需求。当然，我们还有一些更微妙的需要，但没有它们，我们却不会立刻死去。但是，如果这些需要得不到满足，就会造成我们身体、心理上的疾病和巨大的不幸。最重要的是：如果我们忽略了这些基本需要，就会阻碍我们能力的成长。

当代的文化对我们孩子、甚至我们自己需要的实现构成了最大威胁。它以一种不容置疑的权威宣称：幸福就是得到你想要的。它只沉迷于人们的欲望，一点也不在乎我们真正的需要。这种文化只传递出一个信息：去！得到你想要的，你就感觉幸福了。但它的力量无比强大又充满诱惑，轻而易举地就将我们淹没其中。请驻足片刻，看看你的周围，半个多世纪来，它已成为在我们生活中占主流地位的实用主义哲学，且影响力还在日益增加。它是否给我们带来了应有的幸福感了呢？据我所知，现在的人们似乎比以往任何时候都更加容易烦躁、不安和不容易满足。

原因何在？因为这种哲学并不灵光，试验结果一败涂地。我们内心十分清楚，因为我们已经体验到了因不满足而产生的空虚感，但我们仍然在飞蛾扑火般继续向前。我们试图说服自己："我要得到更多，我的错误在于太容易知足。"于是，不停地去追逐，想得到更多。甚至有时，内心已经有个声音在不断地呐喊："你要走错路了！"但因为恐惧、疑虑、疲倦，我们常常会忽略这个声音，仍然不停地告诉自己："等我得到了真正想要的东西，一定会感到幸福的。"但事实上，如果不是真正需要的东西，就算得到的再多，你都不会觉得满足。

是的，那是不可能的——而不仅仅只是困难的。你只能在你最根本的、最真正的需要中得到满足。满足与幸福、平衡和智慧的获得，不是通过得到我们想要的东西，而是通过赞美自己真正需要的东西。

得到想要的只会让我们的自我得到满足，而不会满足我们真正的需要。而人的自我就像一头怪兽，被喂食的次数越多，胃口就会越大。自我总贪得无厌，永远不会满足。

因此，我们面临的最大的挑战是将关注的方向从想要什么转移到需要什么。这样，在培养孩子们做决定的技巧和能力时，它将帮助孩子们将注意力聚焦到他们需要的东西上来。

那么，我们孩子最基本的需要是什么呢？

身体上，孩子需要呼吸空气、喝水、吃饭、有地方住、需要被照顾和关心，还需要定期锻炼身体 。

感情上，孩子需要拥抱和关心，他们对感情的需要和身体的需要一样多。孩子们需要被倾听、被爱，也极度渴望爱他人；他们需要时间，父母的、教练的、导师的及老师的时间；他们需要有人理解，至少有人愿意去理解他们；需要知道自己并不孤单。

智力上，孩子需要不断地学习新知识，扩展视野；需要有人能鼓励他们对事物好奇；需要有人表扬他们对学习的热情。

精神上，孩子需要学习怎样和伙伴们自如地相处；需要些许安静与孤独来平衡狂躁的日常生活，让自己沉淀下来，追寻内心的真实。

孩子们最基本的需要远不止这些。但我希望上述的文字可以让你对孩子们需要的广度和深度有个大致的了解。

了解孩子们的需要是一回事，满足他们的需要又是完全不同的一回事。有时是因为生活的压力我们根本做不到；有时是源于我们的自私与内心的挣扎而不愿去做；有时是因为生活中有太多的干扰而不能意识到他们的需要。随着他们年龄的增长，被动满足他们的需求越来越多地变成了他们自主的选择，就像我们自己的选择一样。

当你带着新生的婴儿离开医院时，没有人会给你任何育儿手册；对养育子女而言，也没有任何现成的样本可供你参考。我不会给你一个清单说："如果你照这个单子去做，保证你成为伟大的父母，培养出优秀的子女。"外界有太多事情我们无法控制。而且，你的控制和影响力随着时间的流逝还在不断减弱。很多心理学家认为，一般而言，儿童价值体系在 12 岁时已经形成。在青少年时期或成人早期或许会有所偏离，但到 12 岁已经基本定型。这意味着 0 ~ 12 岁是教育子女的关键时期。因此，综上所述，没有一份全面保证单来确保你育儿成功。不过，我在此愿意提供几条建议，可供你偶尔在心中回顾、反思，对自己育儿的情况做个评估。下面的五条建议并无先后顺序之分，只是出于解释方便考虑。

1. 孩子需要你做他们的父母，而不是朋友

我希望你有一段可以持续一生的友谊，随着岁月的流逝，你们的友谊变得更深沉、内涵更丰富。但，对你的孩子而言，他们更需要你承担起父母的角色，而不是朋友。他们在以后的

人生道路上会交到很多朋友，而父母却是唯一的。你是孩子唯一的父母，所以，不要忽视父母的使命与责任所在。

今天，很多父母希望能成为孩子的朋友，原因各种各样。有的父母是指望孩子去实现他们未曾实现的梦想，有的则是因为无法给予孩子所需的纪律和毅力。我们想让孩子喜欢我们，想让他们的朋友喜欢我们，这个观点是错误的。父母需要偶尔给孩子传递一些不受他们欢迎的信息，事实上，父母并不是一个常常招人喜爱的角色。如果你不是考虑如何做个好的父母，却更在意孩子们对你的好感，那么，你对孩子的教育和劝诫能力就会大大削弱。

2. 孩子需要英雄和导师

如果你想用伟大的英雄或导师的榜样去激励孩子，最好的方法就是你自己也具有这样的品质。我们钦佩那些取得了非凡成就的优秀人物，或那些以一种不平凡的方式或超凡脱俗的爱做了平凡事情的人们。你所敬仰和崇拜的人也会让孩子受到影响，所以在选择时一定要当心。作为成人的你，也许能够将你喜爱的音乐家惊人的天才与他混乱的私生活、吸毒、酗酒等具有争议的个人生活方式区别开来，但你的孩子却没有这个能力。你走进大多数青少年的房间，看到他们挂在墙上的海报，你要知道那正是他们羡慕和模仿的对象，他们正在逐渐成为海报上的那些人……想到这些，还真让人有点恐惧。

人人都需要英雄。谁是你心目中的英雄呢？你想让你的孩子成为像他们一样的人吗？如果不想，那么也许是该为孩子找一些新英雄的时候了。经常赞美那些你想让孩子学习的榜样。我们赞美什么样的人，就会成为什么样的人。

3. 孩子更需要父母的时间

有些人可能会争论说，与时间相比，孩子们需要父母的爱。但时间是我们内心的秘密——爱——的外在表现。如果我对你说“我爱你，但却从来不想和你待在一起”，你很快便会质疑我的爱。理当如此。一个月前，我在加利福尼亚和几个朋友在一起吃午饭，他们问我最近在写什么书。我告诉他们是关于家庭方面的。我的朋友提姆和迈克都已经做了父亲，他们与我分享了他们的家庭生活及养儿育女方面的尝试、努力和收获。在讨论快结束时，提姆对我说：“迈克与我发现：父母在孩子身边的时候，养育起来才更容易。我们也一直在讨论这个问题 。”

是的，只有孩子在我们身边的时候，教养起来才更容易。养育子女不仅需要时间，而且需要大量的时间，你不能指望孩子在 3 分钟内像快速报告工作那样向你汇报他一天的生活。他们可以在 3 分钟内汇报完他一天的生活，但他一定不会告诉你最重要的事情。他只会浮皮潦草地来回答你的提问。当你听到他的回答，认为一切都很好而正备感欣慰时，谁知道孩子的心里和脑子里正在想什么。当有人问我们过得怎么样时，我们大部分人都不能做到知无不言。在我们说出真话前，我们需要确信那个人是真正感兴趣，的确想知道。而这都需要时间。

孩子们渴望和父母在一起共度时光。当他们还想和你黏在一起，想待在你的身边和周围时，你应该鼓励他们并为孩子腾出时间来。因为，很快他们就会宣布自己已经长大成人，在很多方面都可以独立了。所以，在这之前，养成和孩子们经常在一起相处的习惯。这样在他们进入充满困惑和迷茫的青春期时，你与他们在一起，才不会显得勉强和生疏。

孩子们想要和你在一起，他们需要你的时间。很多看似紧急的事情可能无法让你脱身，但实际上，这些事情未必像看上去那么重要。最近，一个朋友给我讲了一个故事，很好地证明了这点。

父亲下班回家已经很晚了，身体疲惫，心情也不太好。这时他发现5岁的儿子正靠在门边等他。

“我可以问你一个问题吗？”儿子问。

“什么问题？”父亲有些不耐烦。

“爸爸，你一小时能挣多少钱？”

“这不是你该关心的问题。为什么要问这样的问题？”父亲生气地说。

“我只是想知道。”儿子望着父亲恳求道，“请告诉我，你一小时挣多少钱？”

“假如你一定要知道的话，那就告诉你。我一小时挣20美元。”父亲有点儿按捺不住了。“哦。”儿子低下了头。过了一会儿，他又抬起了头，犹犹豫豫地说：“爸爸……可以借给我10美元吗？”

父亲终于发怒了：“如果你问这种问题就是想要向我借钱去买无聊的玩具或没用的东西，那就赶紧回房睡觉去，躺在床上好好想想为什么你这么自私。我每天长时间辛苦工作，现在需要休息，没时间和你玩小孩子的游戏！”

儿子一声不吭地回到了自己的房间，轻轻地关上了门。儿子走后，父亲想起儿子的问题越发地恼火。他为了要一些钱，竟敢问这样的问题。过了大概一小时，他渐渐平静下来，想到自己刚才对儿子有点太凶了，因为儿子一向很少开口向他借钱，也许他真的需要10美元买些必需的东西。于是他走进孩子的房间，轻声问：“儿子，你睡了吗？”

“爸爸，还没呢。我还醒着。”儿子答道。

“爸爸刚才对你可能太凶了，因为爸爸今天太累了，所以朝你发了火。”父亲说，“给，这是你要的10美元。”“爸，谢谢你。”儿子突然来了精神，欣喜地接过钱，然后又从枕头底下拿出一些皱巴巴的钞票，仔细地数起来。看见儿子已经有钱了还要，父亲又开始生气了。儿子细细地数完钱，然后抬头看着他的父亲。

“你已经有钱了为什么还要?”父亲生气地质问。

“因为只有那些还不够，不过现在够了。”儿子回答道。然后他将数好的钱全部放在父亲手里，认真地说：“爸，我现在有20美元了，我可以向你买一个小时的时间吗?”

我们为所爱的人和事付出时间，而孩子们总是渴望能和父母在一起。在这个世界上，我们每天忙东忙西，要找时间和孩子相处，也许是今天父母面临的最头疼的事情了。所以，我们一定要清楚对我们来说什么才是最重要的事情。拒绝一件事的唯一的方式是我们有更重要的事要做。我们必须永远坚信：和孩子们在一起才是那件最重要的事情。否则，我们每天各种事务缠身，一些看上去似乎紧急的事情就会占用了和家人相处的时间。紧迫的事情生活中每天都会很多，但那些最重要的事情几乎从来没有我们想的那么重要。这就是为什么我们需要分清轻重缓急，将真正重要的事情放在我们生活的中心。

4. 需要培养孩子们强烈的自尊感

我的意思是孩子们需要知道他们是谁，他们来到这个世界上意义何在。你也许会辩解说我们很多成人都不知道，又怎能对孩子有这样的期待呢？实际上，孩子自尊感的培养在儿童或青少年时代比成人以后要容易得多。接下来你可能要问："那我如何帮助我的孩子培养强烈的自尊感呢?"

教导与鼓励他们发展和提升精神层面。安静和孤独让大多数人感到不自在。因此，他们不得不时刻待在人群中，或从各种声音中来获得安全感。你要教导孩子习惯并享受一个人独处的时光。

要习惯一个人独处，学会远离生活中的许多人和事。只有这样我们才能不受同龄人思想行为的影响和支配。我们喜欢和人们相处，也不意味着我们不能忍受孤独。每天为自己留出一点时间，来细细品味安静与孤独。

培养孩子精神层面的另外一个方法是鼓励他们聆听生活中上帝的声音。我认识的最幸福的人都是具有使命感的人。我们不去选择某种使命，而是倾听心灵深处的召唤。但是若你不用心聆听的话，又怎么能听见心中的召唤呢?问问你的孩子："今天上帝都给你说了些什么?"第一次的时候，孩子可能用一种有点奇怪的眼神看着你。但第二次时，他们就会有了答案。简单地问这个问题，将会引导他们开始学习倾听。

5. 孩子们需要你的爱

爱他们——这三个字看上去十分简单、平常，但在我们每日忙碌的生活中，却又极易被忽略。养儿育女是一种自我奉献的爱——将你的自我奉献给你的孩子。是的，我们为热爱的慈善事业捐钱，为爱心商店捐献旧衣服。而养育子女却要求我们奉献出自我。

就在几天前，我心中在想"你最近一次出于爱而去做一件事是什么时候?那种完全不掺杂任何私利的、纯粹的爱。"我不得不思考了一分钟，我并不喜欢这样的思考。爱是一件简单的事情，但却并不容易做到。我们人人都有能力去做。爱是唯一能真正改变世界的东西，而不是权力，不是战争，不是金钱，也不是名望。爱是改变历史的原动力，它改变了人，改变了人与人之间的关系，改变了工作环境、家庭、国家与社会……事实上，爱无所不能。

要让孩子知道你爱他们，不是因为他们长相出众，不是因为成绩优异，也不是因为乖巧听话。需要让他们知道：你的爱与这一切都无关。无论发生什么，你对他们的爱都一如既往。这是一种完全超然的爱，不是为了强加控制而是为了追求自由，放飞他们的心灵，让他们自由成长为本真的样子。

孩子们需要的不是最新潮的跑步鞋，最流行的 iPhone……这些东西都很容易给予。当我门退后一步换个角度观察，孩子们的需要实际上很简单。我们只需要花些时间与他们相处，其他的一切都会自然而然地发生。一般的美国小孩到 6 岁时，花在看电视上的时间已经超过了一生中与父亲交流的时间。如果每位父母能为此做点什么，我们就找到了一种改变世界的方法。

你愿意牺牲什么？

一切收获都要付出代价。你不能同时既打高尔夫又打网球。要打高尔夫就得牺牲打网球的时间。这只是个简单的例子，但每一天，我们每做一个选择就要放弃其他选择。在经济学上，称之为机会成本。如果你想拥有美满的婚姻，当然可以，但这需要付出代价。想成为出色的父母，当然也可以，同样也得付出代价。当下的文化告诉我们：我们可以拥有一切，但那只是个谎言。在接受一些东西的同时，就必须拒绝另外一些东西。

养育子女本身就是一种牺牲。在养儿育女的过程中，我们无疑会体验到一种巨大的快乐，得到丰硕的回报，但这需要付出代价，巨大的代价。当你结婚后，不得不开始考虑你做的每件事、每个计划对爱人的影响。在你为一些事情制订计划前，无论个人计划、职业规划还是一些业余爱好，你必须和你的丈夫（妻子）交谈，征求他们的意见和想法。而在你单身一人生活时，当朋友问你周末是否想去滑雪时，你只需征求自己的意见就行了。但当步入婚姻后，你需要考虑你的爱人。同样，当你有了孩子，人生进入了另外一个新的阶段，你得经常考虑你所做的事情或所制订的计划对孩子会有什么影响。就拿听收音机这件小事为例，父母常常需要牺牲他们的爱好。也许你喜欢音乐的声音大一点，但孩子却正在睡觉。你午餐可能喜欢吃某种东西，但孩子却想要吃别的食物。也许你想在周六早上睡个懒觉，你的孩子天蒙蒙亮就要起床。每一件看上去似乎都是极微小的事情，但日复一日，将所有的事情累积起来，就变成一种真正的、巨大的牺牲。

与婚姻不同的是，孩子是最无助的，他们要完全依赖于你。随着第一个孩子的出生，人们自然会怀念逝去的二人世界的自由时光。实际上，怀念是一种健康的情感。它会帮助我们向新的生活方式过渡。还有这样一些人，他们绝望地固守着过去老的生活方式，拒绝承认与接受现实，不仅让自己变得焦虑不堪，而且让夫妻关系变得非常紧张。

养育子女需要做出真正的牺牲。大部分父母愿意为了孩子做出巨大的牺牲。我们这样做是出于爱，是希望孩子过上和我们一样好的生活，或者比我们生活得更好；是源于养儿育女的喜悦；是源于帮助我们的孩子、我们的骨肉成长、学习、探索世界时获得纯粹的满足感。

谈及自我奉献、自我付出时，父母始终如一的坚持令人惊叹。很多时候父母为孩子做出的牺牲往往会被忽略，这是一件需要花上很长时间并且可能很久都毫无回报的工作。因此，我们如何用一种健康的方式来做出这种牺牲呢？有两点非常重要：良好的幽默感及明确的目标。

一定要在心中牢记你的目标：做最好的自己。养儿育女的过程为你提供了成长和实现目标的机会。当你需要为孩子做出牺牲的时候，不要因为迫不得已才这样做，而要让你的行为更具有意义。利用好这些牺牲的力量。每一次你做出牺牲，每一次你放弃自己的爱好、耐心、毅力、慷慨、沉着……这些都是你牺牲后收获的果实。请珍惜它们，赞美它们！

刚才我们已经说过养育子女需要付出巨大的牺牲。但还有一个问题需要我们思考。我们有时候会不会牺牲得太多？——答案是绝对的。这种情况总在发生，结果常常也很糟糕。

事实是你们也有自己的需要。你虽为人父母，但你仍然是个人，和你的孩子一样有四个方面的基本的需要——身体上、感情上、智力上、精神上。

你的基本需要十分简单，但并不意味着它们容易得到满足。身体上，你需要定期锻炼、平衡的饮食、充足的睡眠。感情上，你需要有机会爱与被爱，希望能与你的爱人和孩子无忧无虑地生活下去。智力上，你需要有机会激励和滋养你的心灵。精神上，你需要安静与独处。

综上所述，你和孩子也有同样的需要。但你却要承担起成年人和父母的所有责任，和你的时间赛跑。我们的生活太忙碌，节奏太快。对很多父母来说，定期锻炼身体这样最简单不过的事情都变得十分困难。

第一步要明确自己的基本需要，而且让你的爱人也这样做。一旦你们确定了这些基本需要，要对自己和爱人做出承诺：保证将两人的基本需要放在想要的东西之前。捍卫这种需要可能会要求你在职业或社交方面做出艰难的选择。为了遵守承诺，你有时可能要放弃十分想要的东西。但天长日久，如果你一直在遵循和尊重你的基本需要，你就会得到越来越多的想要的东西。当我们保卫和赞美我们的基本需要时，我们才会开始走向成功。而这种成功会对我们生活的各个方面产生非凡的影响。

当我们退一步想时，确实如此。大多数人都会同意这一点。但很少有人能冷静地控制。

我们要考虑的下一个问题是在什么情况下我们可以为孩子和爱人的需要来暂时忽略自己的需要。谈及爱人与孩子，我们应愿意将他们的需要放在自己的需要之前，但不应将他们的欲望置于我们的需要之前。即使要求优先考虑爱人和孩子的需要，但这种情况应该是暂时的，而不是无止境的。比如，当一个女人生了孩子，她知道在孩子的婴儿时期，她会经历许许多个不眠之夜，但她知道，这种情况不会永远持续下去。最后，当孩子习惯了一觉睡到天亮，妈妈就能再次享受到充足的、不受打扰的睡眠。同样，照顾术后恢复中的爱人也如此。甚至一连几天或几个星期，你不得不忘记自己真正的需求，但这种情况不是无止境的。如果这状况持续超过了几个星期，我们回头去照顾自己的需要是至关重要的。实际上，照顾好自己也是我们对爱人、对孩子的部分责任所在。在这种情况下，我们也许有必要去寻求亲朋好友的帮助，这样我们才能在照顾生病的爱人的同时，腾出时间来顾及自己基本的需要。

还有可能出现的一种状况是：我们应警惕我们的爱人或孩子（通常是已成年的子女）不断地将他们的需要（通常是欲望）置于我们的需要之前。这种情况在一些染上不良嗜好（譬如：酗酒、赌博、吸毒）的人身上较为常见，这些人只会为自己考虑，事事都要以自己为先，否则就会感到焦躁、不安、不满。他们常常会走到爱他们的人面前说"我需要你做这……做那……"很多情况下，这都是些虚假需求，但是因为我们太爱他们了，所以会忽略自己真正的需求来满足他们，或者为了维持家庭的安宁来满足他们。真正的考验是：这种无限制的妥协是否有个尽头？母亲处于对孩子的爱可以整宿不眠，因为她知道这种情形不会永远持续下去，但是当我们所爱的人沉迷于某种癖好不能自拔，形成了心理障碍，或养成依赖的习惯，不断地直接或间接地要求我们放弃自己的基本需要来满足他们，这对你或对他们都是不健康的。

理解需要和想要的区别是你在日常生活实践中可以教给孩子的宝贵课程之一。教导孩子尊重你的基本需要，会让他们懂得：良好与充满活力的关系是建立在互相尊重的基础之上的。反之，会导致孩子常常把他们的欲望凌驾于我们的基本需要之上，这样无疑会让孩子变得越来越自私。

你的孩子有着基本的需要，你的爱人也有，你同样也有。你的需要也需要时刻得到尊重，如果得不到别人的尊重，但至少你自己要尊重它。如果爱需要你忽略一个或很多需要，这个阶段从来都是暂时的。一定要警觉：不要把他人的欲望放在你的需要之前。

梦想与恐惧

梦想与恐惧，这两股强大的力量会影响人的一生。它们皆源自我们的内心，为我们与爱人创造真正亲密的关系提供了独一无二的机会。

在我们的文化观念中，性和亲密似乎是一码事，但事实上它们的区别很大。这些年来，无数的人曾告诉过我他们几乎读过了我所有的书，但《爱与被爱的艺术》这本书除外，因为他们认为它是有关性爱的。我认为，性并不等于亲密。亲密是人与人之间相互展示自我的一个过程，亲密是彼此之间真性情的自然流露，亲密以不同的广度和深度存在于所有人际关系中。父母应把培养与孩子之间真正的亲密关系作为一个努力的目标，而梦想与恐惧是这种亲密关系的核心。

提及梦想，身为父母，我们首先需要了解我们对孩子的梦想。每个父母对孩子的未来都充满太多的梦想和期待，很难用一个字来形容。有些父母会表达出来，有些却蕴藏于内心和思想的深处。但即使是未曾表达出来的梦想也会潜移默化地影响我们养育子女的方式。

你对孩子的梦想是什么？拿出一页纸，将它们写出来：成为一名医生、律师、棒球手……找到一个值得爱的人、拥有完美的婚姻……找到一份充满激情的工作……赚很多钱……成为成功的人……去周游世界……

你对孩子的梦想也许有几十或上百个，每一个都十分美好。但你必须认识到这些只是你对孩子的梦想，而孩子会有自己的梦想。你要做的最重要的事是让他们去追寻和实现自己的梦想，而不是去实现你对他们的梦想。无论你为孩子设计的梦想多么美好与高贵，都不是孩子自己的。只有让孩子听从内心深处的呼唤，才会指引他们的人生旅程，活出他们本来生命的意义。如果你过分强调你对孩子的生活梦想，会剥夺他们体验人生的独特经历，甚至剥夺他们生命的乐趣。父母对孩子梦想的力量是巨大的，甚至在他们过世很多年后，我们仍然不知不觉被他们提出的梦想深深地影响着。因此，当你要说出你对孩子的梦想时，一定要谨慎，因为你可能会因此妨碍孩子对自己梦想的追求。

你能为孩子做的最有意义的一件事就是帮助他们去实现梦想。我们热爱那些帮助我们去追寻和实现梦想的人们，以这样的方式发展起来的情谊常常令人赞叹。

我常常谈起我的“梦想之书”，在书中，我会写下自己想去的地方，要写的书，梦想中的个人品格与人际关系，想要买的东西，想要体验的事情，等等。当我第一次把很多梦想写进书中时，它们似乎都是那么遥不可及。但现在看来，那时遥不可及的梦想却是那么的渺小，只要努力去追求，你的心有多远，梦想的舞台就有多大。梦想的力量对人的一生，尤其是孩子的一生的影响是巨大的。如果你能引导孩子去追寻梦想，然后脚踏实地去付诸实践，在以后的人生道路上，他们将无往而不胜。

梦想是我们拥有的最强大的能力之一，但很多情况下未被发掘。它是只有人类才具有的令人惊叹的独特的能力：展望未来，放飞想象，立足现实，开创未来。引导孩子锻炼和实践这种能力是人生中最重要的课程之一。

很多父母因害怕失败而不敢鼓励孩子去追求梦想。这就形成了第二个心理怪圈：恐惧。对失败的恐惧是我们最大的恐惧之一。我最近在去学校工作时注意到越来越多的年轻人对失败诚惶诚恐。由于对成功的渴望过于强烈，面对失败就更加容易畏首畏尾，这会导致他们逃避一切没有必要的事情和责任。

我认为这是美国精神的一个大的转变。无惧尝试和失败使我们的前辈缔造了强大的美国。而今天，我们过分强调考试成绩，要求孩子们在所有科目和各个方面中都要表现出色，这种思想让孩子们渐渐丧失了敢于尝试和不怕失败的勇气。这种文化内涵的影响是巨大的。如果这种思想一直得不到改观，在不远的将来，我们就会被其他国家那些敢于尝试、不惧失败的青年赶上并超越。

我们需要让孩子明白：失败没什么大不了，周围有无数例子可以证明。在棒球比赛中，如果你能取得平均 300 的打击率，就可成为最优秀的棒球手之一。这就意味着：10 场比赛中，你只要赢得 3 场，就是最好的棒球手了。高尔夫巡回赛中，10 场赛事中赢一场，你就会发现自己已经进入最好的球员之列了。让年轻人了解这些数据，有助于帮他们从对失败的恐惧中解放出来。而我们不停地用各个领域成功人物的事迹对他们进行狂轰乱炸，会让他们误以为：失败是不被允许的。绿荫下花草丛生，却长不出参天大树。我们需要鼓励年轻人去拥抱真正的生活、去不断尝试、去面对失败，让他们自信地认识到尝试与失败是生活中一个美妙的学习过程。

如果年轻人在进入大学之前，不经历几次有意义的失败，前途也会令人担忧，因为失败是人生中不可避免的一部分。学习面对和处理失败是我们通往成功的必由之路。

除了面对失败的恐惧外，孩子们还面临着各种各样的恐惧。当他们进入青少年时期，要开始考虑将来在社会上该如何立足。当他们意识到自己在这个世界上还一无所有时，他们的恐惧会与日俱增。如何才能了解恐惧对我们的孩子们（爱人、朋友和同事）生活的影响呢？看看它对我们自己的影响就知道了。思考一下这个问题："在当今社会，什么情绪占据了主导地位?"答案当然是恐惧。我们害怕城市中的阴暗面，害怕某些人，怕丢了工作，怕退休时没有赚到足够的养老金，害怕恐怖分子的威胁，害怕日益恶化的气候，害怕不知会把孩子带进一个怎样的世界，害怕找不到那个对的人共度此生，害怕经历失败的婚姻，担心孩子的婚姻生活，担心我们会生病，担心没有医疗保险，担心会失去我们为之努力而得到的东西，担心被拒绝、被批评，担心失败，担心一切会让你心碎和痛苦的人和事……我们害怕和担心的事情太多太多，这种担心极大地影响着我们的生活和人际关系。

但有一种共同的恐惧主宰着人类的生活：我们担心如果人们一旦了解了我们的弱点，便不再爱我们了。就是这个担心还阻止了我们在别人面前展示真正的自我。孩子尤其是进入青春期的孩子更容易被这种感情所主宰。他们想要得到社会接受和认可的愿望是如此的强烈，为了迎合人们的认可，他们宁可改变自己的个性，甚至忽略了内心深处美好而高贵的声音。

但如果能有效地利用这个弱点，它会让你成为一名优秀的领导者和出色的父母。在相互展示的过程中，必定要从一个人先开始。你愿意和孩子们分享你的梦想和恐惧么？不是你对他们的期待、梦想与恐惧，而是你自己的期待、梦想与恐惧。在孩子面前暴露你的弱点，可以教会他们很多东西，很容易与他们建立起一种亲密感。但记住，千万不要因此说谎，因为你的谎言会在瞬间被看穿。

当你和孩子谈论你的梦想时，谈论的梦想既要具有可实现性，又要具有开拓性和挑战性。如果你的孩子刚刚 3 岁，你却和他谈论去参加职业棒球大联盟的梦想，等于在为孩子描绘一个不切实际的海市蜃楼。如果你和孩子谈论过去破碎的梦，等于在教育孩子：梦想就是在浪费时间，只会给人带来心碎与崩溃。只有当你决定将付出真正的努力去实现一个梦想时，再告诉他们。否则，他们将会认为你是个虚伪的人，只喜欢坐在一旁高谈阔论游戏的精彩。更糟的是，你也许会让他们认为梦想仅仅谈论一下就足够了。不断尝试与付出努力，最后也可能以失败收场，但它与只会高谈阔论却没有丝毫行动的空谈，是性质完全不同的两码事。

同样，你谈论的担心仅仅是你自己的担心，而不是谈论你对他们的担心。不要用你的担心吓着他们。在孩子还没有心理负担之前，不要让它成为孩子的负担。你只需要提醒孩子你担忧的这个事实，担忧没有什么大不了，没有必要让它成为我们前进路上的阻碍。只有从这个意义上讲，你和孩子谈论你过去的恐惧才对他们有益。告诉他们，过去所有的担心现已经被证明没什么大不了，所有的担心都是多余的。要让孩子知道：很多我们担心的事情事实上都从未发生。

梦想让人充满活力。为我们每天的生活带来了激情、能量、目标和热情。梦想带领我们去不断地探索最好的自己。担忧是我们生活的绊脚石，会让我们在生活面前畏首畏尾，而不是将它当做奇妙的冒险去积极地拥抱它。如果让恐惧笼罩了我们的心，我们追求美好自我的路上就会遍布荆棘。

梦想和恐惧两股力量同时驱使着我们。哪一个在你的生活中占据了上风？你又想让哪一个来主宰你孩子的生活？

你能为孩子做的最好的事情是什么？

与那些婚姻关系紧张的夫妇交谈，你会发现他们面临着各种各样不同的问题。同时，也会发现他们之间的两个共同点：一是夫妻双方不能很好地进行沟通，二是双方在一起单独相处的时间（即没有孩子们在一起的两个人私密的时光）太少。当然，前者是因，后者是果。所有热烈的爱情都需要感情与时间的投入。为什么年轻人容易陷入爱河？是因为他们能全心全意地投入，他们相互不断地探索、发现对方。为什么我们成年人容易失去爱情？是因为我们吝啬付出时间，不愿意再像年轻时那样为爱付出。观察那些比较美满的婚姻，我发现它们之间最大的不同在于在婚姻生活中花费的时间与交流的方式。

婚姻美满的夫妇会定期在一起单独享受一段没有孩子陪伴的时光，不是因为出差或为了某种目的，只是为了充分享受彼此的陪伴。偶尔去一个离家不远的小镇，共度一个美好的夜晚。他们每天都会用一定的时间来交谈，或通过电话，或当面交流，抑或两者都有。他们会选择在一天中恰当的时候，而不是在一天即将过完、两个人都精疲力竭、根本没有精力去讨论一些真正严肃问题的时候。无论他们现在做得已经有多么出色，都会不断致力于提高自己的交流技巧。

我们在前面已经讨论过，父母和孩子都有真正的最基本的需要，如何平衡孩子的需要和父母的需要，是任何家庭生活中都面临的一项大的挑战。忽略了任何一方的需要都会造成失误。但很多情况下，孩子的需要显而易见，因为有时我们无法将他们的需要和欲望区分开来，因为我们想尽己所能给孩子最好的生活，因为我们大多数的父母如果为自己做了点事情，就会感觉充满愧疚……因此孩子很容易成为婚姻的隐形杀手。不仅是你的孩子，你的工作、你的朋友、社交活动，还有任何别的事物都会影响或破坏你的婚姻。但与过去相比，当前的日常生活中似乎孩子们的事变成了所有家庭事务的重心。

现在是时候停下来，思考一下我们所能为孩子做的最有意义的事情是什么。是为他们提供最好的教育吗？为了给孩子一个好的起点，从现在起省吃俭用，攒钱为他们积极投资？或者为孩子留下一笔遗产？带他们去世界各地旅行，扩展视野？或者为孩子创造合适的机会，带他们认识更多的人，为他们将来职业生涯的成功做准备？

我们都十分关心这些方面，或其他类似的方面。而且它们都非常精彩、令人兴奋，但却都是次要的，都不是父母能为孩子做的最有意义的事。我认为，作为父母能为孩子做的最有意的事情有三件：

1. 每天全身心地投入，努力做最好的自己

据美国当代著名作家詹姆斯·鲍德温观察，“孩子们不擅长倾听比他们年龄大的人的话，但却非常擅长模仿他们。”因此无论你想教给孩子什么，亲自去实践吧！鼓励孩子去全力拥抱梦想，实现梦想最好的方法就是我们自己先去亲身实践。如果他们看见不懈地追求是父母生活方式的一部分，这也会变成他们生活的一部分。如果他们看见你和你的爱人共享美好时光，他们长大后，这也会成为他们生活的一部分。如果他们看见你每天花一定的时间来祈祷和沉思，这同样也会变成他们生

活的一部分。你能为孩子做的最有意义的事情之一就是努力去做最好的自己。同样，这也是你能为你的配偶、那些对你重要的人、你的朋友、公司、教堂和整个人类做的最有意义的事了。当我们成为更完美的自己，每个经过你生命的人都会得益于你的成长经历。

2. 充满激情，目标明确地生活

如果你问父母是否想让他们的孩子过一种充满激情、目标明确的生活，无疑，他们会异口同声地说："当然！"但有多少父母自己能做到这一点？并不多。我在这儿讲的不是以非凡之法去做非凡之事，而是要充满激情和目标明确地去对待日常生活中每件普通的事情。

我努力工作，不是为了保住饭碗，也不只是为了领取薪水，而是因为全神贯注地努力工作，会给我机会，成就最好的自己。这样，工作的目标就超越了金钱、升职或生存的意义。我努力工作，我承认偶尔我也会偷闲，但当投入工作时，我一定会目标明确。工作是一件再平常不过的事儿了，但一定要有目标地去工作。

同样，你对什么有激情呢？学习？音乐？艺术？旅行？科学或是投资？养儿育女或工作是否已经耗尽了你的激情和爱好？孩子们看到我们在追求和享受所钟爱的东西，这也会启发他们对自身的思考。当我们的孩子找到他们的激情所在时，他们人生精彩的旅程就拉开了帷幕。

充满激情、目标明确地生活是父母能给予孩子的最珍贵的礼物之一。

3. 拥有美满的婚姻生活

据我了解，读过这本书的50%的人可能处于离异或单亲家庭状态。但我想大多数的父母——无论已婚、离异、单亲还是处于分居的状态，都会认同：父母的幸福婚姻是孩子成长的最理想的环境。但现实总是不尽如人意，我们只能尽力而为，但这并不意味着我们应停止赞美这种理想。

你能为孩子做的最好的事情之一就是去经营一桩幸福美满的婚姻。当两个人深爱彼此，鼓励、鞭策对方做最好的自己，尊重对方的个人经历并以此为荣，同时又积极去追求两个人的共同生活，就会创造出一个生机勃勃、充满活力的家庭环境。如果有幸能在这个家庭待上一个下午，或在这儿度过童年时代，他将会受益无穷。美满的婚姻是一个可以尽情释放真我的地方，是我们疲惫时憩息的小站，是我们受伤时永久的港湾，是一个我们生活与成长的地方，矛盾与和谐并存；是一个既让人感觉到舒适自在、又充满挑战的地方，一个探索与追求梦想的地方，一个能让骄傲驯服、真我绽放的地方。

婚姻不是某种能和养儿育女完全分离的东西，而是其不可分割的一部分。婚姻是养育子女的生命之源。

养育子女每天有无数的事情要做。这些事情是无穷无尽的。尽管今天你已经做完了能做的一切事情，认为自己已经尽到了一个做父母的责任，你仍然会发现，还是有无数的事情能为孩子做。永远如此。理论上讲，父母可以倾尽一生去帮助孩子成长，帮助他们在社会上获得成功。然而，紧急的事情常常占据了你的时间。我们整天忙于一些急事。但事实上，最重要的事情从来都不那么紧迫，因此认识到哪些是紧急的事情，将他们置于生活的中心和首位。成为最好的自己是值得我们付出时间、精力甚至一生去做的最重要的事情，但是它从来不那么紧迫。充满激情和目标的生活也从来不那么紧迫，永远可以往后推迟一两天——而有些人却因忙于那些紧急的事情，将它往后推了整整一生。同样，拥有美满的婚姻也不是件紧急事儿，如果我们像需要呼吸、需要喝水一样需要美满的婚姻，那么我想天下幸福的婚姻一定会比现在多很多。经营美满的婚姻也不是件急事儿，因此，它才容易被人们一拖再拖。

我们能为孩子做的最有意义的事情几乎从来都不是紧急的事儿。因此，我们要经常提醒自己远离那些貌似紧急的事情，去发现并致力于那些真正对我们重要的事情。

要做到严厉公正

我经常问人们他们最敬仰的老师、教练或导师是谁。这个习惯已经持续了 10 多年了。很多人和我分享了各种各样的故事。这些故事都让人深受启发，也在提醒我们一个人可以对我们的生活产生多么大的影响。尽管对讲故事的人来说，每个故事都是个人的独一无二的体验，但它们之间似乎贯穿着一条主线。当他们讲到最感激的人时，我喜欢问："简单地说，他（她）是个怎样的人呢?"答案几乎是清一色的：严厉公正。他们也许会使用一种不同的方法，或不同的字眼，但本质上都表达了同样的意思。

在公司的工作中，我用这个例子给经理讲：为了赢得员工或下属的尊敬，我们必须做到严厉公正。如果你为一个工作差劲的员工加薪，那你就是在鼓励这种错误的行为，这会影响你的生意和业绩，让你失去员工的尊敬，严重的话会影响你的团队，削弱你的管理能力和领导力，继而危及到企业的未来。

养育子女很大程度上就是要赢得和保持孩子对你的尊敬。

这儿我要指出的是尊敬与好感不是一回事。很多情况下，为了赢得孩子将来对我们的尊敬，我们必须放弃他们对我们暂时的好感。

严厉公正的处事方式对于领导关系、管理关系、亲子关系及爱情关系都至关重要。如果你待人处事过于随意，允许他为所欲为，他会认为你软弱可欺因而轻视你。但如果太过严厉，他们又会认为你冷漠而不近人情，你同样会失去对你的尊重。

严厉公正意味着必须让他们负起责任来。所有的人都应该负起责任。责任会激发出我们身上最美好的品质。一个缺乏责任感的人，不会把事情做得很好；一个缺乏责任感的人，有一天必然会让事情失去控制。国家的缔造者们比任何人都更清楚这一点。美国的国父们对人性有着独到的洞察力，因此他们在宪法中规定："人人生而平等；造物主赋予人们若干不可让渡的权利；这些权利包括生命权、自由权和追求幸福的权力。"对人性深刻的洞悉，让他们在制订宪法时，还为政府建立了一系列相互制衡的制度，来避免一些人拥有权力但缺乏责任感和义务感的情况发生。

责任并非是束缚我们的缰绳，而是塑造人品格的动力。无论你是管理车间的工人，还是养育儿女，都必须让他们负起责任来。如果我们能帮助孩子树立明确的愿景，让他们负起应担的责任来，这就是我们能做的最成功的事了。告诉你的孩子你爱他们，你想帮助他们做到最好，并且你认为这是你身为父母的责任。你还可以告诉孩子，以严厉公正的方式处事也是你做父母的义务。有时，孩子们可能认为你太严厉了——这时你要和你的爱人商量事实是否的确如此。孩子有时可能会怨你处事不公，每个父母都会听到类似的抱怨，而你在最后只做了自己认为的最正确的事情。当你意识到自己做错事时，要向你的孩子道歉。与父母这个角色相伴而生的伟大使命及巨大责任，会让你产生一种深深的谦卑感，这是做好养儿育女工作的关键。

美洲土著居民在为部落做决定时，要问这样一个问题："我们现在的决定会对以后七代人产生什么样的影响?"但我们养育孩子时，却太容易被眼前的事情所羁绊。父母担任着家庭领导者的角色。在做决定时，领导者需要超越当下，放眼未来，考虑将来各个时期的利弊。如果我们真正要为孩子的最大利益着想，应该鼓足勇气，处理事情时一定要严厉公正，教导他们必须为自己负责。这种勇气源自于我们对家庭和孩子的愿景，在养儿育女时，一定要树立明确的目标，才能给予我们实现愿景的勇气。

21 世纪的养儿育女不是件容易的事。我们今天的社会越来越忙，父母需要付出越来越多的时间，才能让子女得到良好的教养。在本章中，我们已经制订了一个计划。现在让我们一起回顾一下。

明确树立你要实现的目标。怎样才算成功?成功不是某种意外，成功通常都是人们深思熟虑和不懈努力的结果。

一定要有领导意识，向生活中其他领域的领导者学习。不断培养成功需要的品质。学着将这种品质应用到养育子女中来。

在帮助孩子实现最好的自我的路上，一定要清楚什么是你应该牺牲的，什么是不应该牺牲和放弃的。

一定要清楚孩子的基本需要，也要清楚地了解自己的需要。

一定要认识到梦想和恐惧在我们生活中所起的巨大作用。

一定要将精力用到最重要的事情上，而不仅仅是紧急的事情上。

一定朝着愿景的方向来养育子女。为了让孩子负起责任，一定要采用严厉公正的处事态度，切忌为博得孩子的好感而做一个“老好人”。

养育子女实非易事。首先，有很多观念困惑和蒙蔽着我们，让我们充满挫败感。痛苦大多来自于想象与现实的落差。追寻理想为我们的生活带来了大量的痛苦。我们应该介入孩子的成长，虽然这样做似乎会困难重重，但却不大可能让我们的期望破灭。

如果没有艰辛和痛苦，你又怎么能享受到收获后那种无法言喻和抑制的快乐和喜悦呢？最近，我读了一段无名文字，似乎贴切地捕捉到了父母这个角色的本质，下面与大家分享。

招聘。该职位的应聘者须愿意或至少暂时愿意被憎恨，直到有人向你索要 5 美元。必须不断地默默忍受。还须像驴一样的精力充沛，如果后院里传来尖叫声，你能在 3 秒内迅速从每小时 0 英里加速到每小时 60 英里冲到现场，才知道原来那不过是个恶作剧。必须能面对刺激性的技术的挑战，比如：会修理一些小玩意儿，能搞定莫名其妙被堵的马桶，卡住的拉链。你必须过滤打来的电话，定期查看日历，协助完成多种家庭作业。必须有能力为各种年龄和心理层次的客户规划组织社交活动。必须知道你的客户有时一刻也离不开你，但有时多待一秒他们都会嫌你多余，给你难堪。

必须负责成千上万种廉价的电动塑料玩具产品的组装及安全性能测试。

必须时刻怀抱最美好的希望，而做最糟糕的打算。必须为最终的产品承担终极的完全的责任。你的其他职责还有：保养地板及所有设施的维修和清洁工作。

晋升空间。你在这个职位上，要做上很多很多年，晋升的可能性为零，你还不能有抱怨，也无人对你进行技能提升培训，因为你在这个职位上任劳任怨、兢兢业业工作的目的就是为了最终有一天，你所管理的人能超越你。

经验要求。这份工作无需经验。但各种在职培训会一串连着一串，让你应接不暇，精疲力竭。

工资和薪酬：赶快申请这个职位吧！你不但要倒贴钱给他，还要频繁地为他加薪，发给他不菲的奖金。一般而言，这笔贷款的期限是 18 年，假设那时大学能帮他实现经济独立。将来有一天你死了，会把你的一切的一切都留给他。这完全是个倒贴钱的差事儿。令人奇怪的是：你却是那么真心地喜欢这份工作，还心甘情愿为之付出更多。

收益：没有健康保险，也没有牙医保险，没有退休金，也不会退还你学费，没有带薪假期，也不会配给你股票期权。但如果你出牌正确，这份工作会为你的一生提供无数的成长的机会，免费的拥抱、亲吻。

现在让我们一起来讨论一些实用的育儿之道吧。

第四章

如何来培养出色的子女

父母心中最深切的希望就是看到孩子在幸福的环境中成长，然而我们几乎没有意识到通向幸福的捷径就是去拥抱和捍卫最好的自己。思考那些有益于你自我成长的活动，你就会知道在这个变化的世界中它们会给你带来持久的幸福。然而你在选择它们、或给予它们在你生活中的优先位置时，常常觉得很难。以体育锻炼为例，我们所有的人都知道经常锻炼和平衡的饮食会帮助我们成为最好的自己，为我们的生活带来一定的幸福。但我们常常会拒绝这样做。真要做起来的时候，我们会为自己找成千上万个借口和理由，为什么不能、不应该或者不想做。但当我们真的去做了，总会为自己感到高兴。孩子们常常为此感到纠结。它们无时无刻不在最好与次好之间做出选择。作为父母，你不能控制他们，但却可以帮助、指导、协助、激励、鼓舞、挑战他们，用一种温和的方式带领他们走上正确的生活道路，每天都过得很充实。

一种很有效的方法是你通过作为家庭领导者为家庭创造的文化。在本章中，我们将一起探讨在创造家庭文化中可以借鉴的一些方法。

要提出正确的问题

我经常有幸与一些企业和非营利机构的杰出领导者一起工作。我注意到他们都具有一个共同的优点：知道如何提出正确的问题。父母们常问我："如果想让孩子去做某事，我们应该用怎样的方式来说呢?"我们常常为此而感到困扰，事实上，这时，最好的办法就是转变我们的注意力，而非硬等着他们不得不给我们说些什么。孩子们不会直接进入你的房间，坐下来就一股脑儿把所有的事情都告诉你。我们需要培养启发孩子谈话的艺术或能力，这样每次谈话才能找到对的问题。有时，我们需要能够用对的问题去启发孩子，让他们以一种不同的方式去思考自我及生活。这种方式既不同于他们的朋友，也不同于当前的文化。

假如一个五六岁的孩子跑到你面前问你"我可以做这个吗"或"我能有那个吗"，你可以反过来问他们："这会帮助你成为最好的自己吗?"如果你这样做，就太好了，他们会立刻领会你的意思。即使这个孩子以前从来没有听过这句话，但只要他还不是一个什么都不懂的小屁孩，他就能立刻明白你的意思。因为这是存在于他们心中的梦想，是你我及每个人心中的梦想。做最好的自己这个理念不是我试图强加于你身上的东西。我只是想把你内心深处的这个梦想引导出来。同样，你也不必将它强加于你的孩子，因为它已经存在于他们的心中。你的任务只是去将它引导出来。而要做到这点，提出正确的问题非常重要。

对生活而言，问对问题和找到答案同样重要。事实上，有时我认为前者比后者更为重要。因为如果你问了错的问题，就不可能找到对的答案。这是现代流行文化严重的缺陷之一，而我们的年轻人却沉浸其中。今天我们社会的问题是我们总在问错的问题。

要养育出色的孩子，首要的一点就是要向我们自己、向我们的爱人及孩子提出正确的问题。有个问题贯穿本书始终：当你认为自己尽了一个做父母的责任时，如果让你选一个词来形容你的孩子，你会选哪一个？你对孩子的愿景是什么？对家庭的愿景是什么？

本书中的内容基本上也是围绕这个问题展开的。如果我用了其他的问题，这本书就面目全非了。比如这样的问题："孩子可以要求父母离婚么？一个 14 岁的女孩在父母全然不知的情况下可以去做流产么？同性恋夫妇可以领养孩子么？"我不会选择这些非主流的问题。这本书中的问题都是一些日常生活中主要的问题。其他所有问题都次之。你回答这些次要问题的方式都源于你对人和家庭的愿景。围绕这些问题出现的分歧都是由于我们对人与家庭的愿景不一致。

提出正确的问题是每个父母都应该学习的一门艺术。让我们共同分享一下日常生活中一些屡见不鲜的例子。

10 岁的男孩强尼放学回家，问道："妈妈，我可以先看电视，再做作业吗？"这时，你可以有多种回答方式。比如说："当然，强尼，你想干什么就干什么。"工作了一天，你可能累了，这也许是解决这个问题最简单的方式，当然，也是很多父母最常用的方式。或者，你可能说："绝对不行，强尼，你脑子有问题啦？你明知道不行！现在就回你的房间去做作业。"如果这样做，你给孩子指出了你认为他们应该走的路。强尼很可能会产生一种朦胧的感觉，认为所有的事情应该用某种方式来做。在他将来的学习、工作中他都可能采取这种方式，但却从来不知道为什么应该这样做——除了你告诉他应该这样做外。但早晚有一天，他会站在人生的十字路口，而你不可能永远在那儿为他指路。他必须做出自己的决定。

但如果你所做的只是说“行”与“不行”，粗暴地对孩子发号施令，强尼不可能真正地学会自己做出决定。而你能为孩子做的最好事情就是教会他们如何做出正确的决定。为什么呢？因为生活就是由无数的决定组成的。我们在不断地选择。每天的生活就是一连串的决定。决定创造习惯，习惯造就性格，性格决定命运。问对的问题是帮助你的孩子培养决断力的一个极好的方式。

因此，如果强尼放学回家说：“妈妈，我可以先看电视，再做作业吗？”你可以问他：“强尼，你觉得这是个好主意吗？”这样，你没有让他在等你的决定，而是开始了一种互动。现在他会开始思考而非被动地反应。当思考时，我们的思想、道德、伦理及精神都在发展。如果你只对孩子说“不行，你不能看电视”，他只会模模糊糊地意识到：有些事情应该做，有些不应该做，便不会再有其他收获了。更糟糕的是，他会不自然地依赖你为他做决定。最后当你不在他身边的时候，他根本没有能力独立做出自己的决定。因为你作为父母，没有给孩子进行这方面的教育。

或者，你可以这样问他：“强尼，你认为先看电视，再做作业是个好主意么？”孩子也许会说：“当然了，妈妈，这是个好主意。”然后你可以接着问他：“为什么？”这样，你们有了进一步的互动。他不得不思考他提议的这件事的过程。他会思考得更远一些，更深刻一些。通过这个简单的问题，你在让他思考怎样来做决定。这个简单的过程会让他各方面都会有所成长。那时，强尼可能会说：“妈妈，我在学校都学了一整天了，一整天坐在课堂上，都要累死了，在做作业前，我想放松一下。”好极了！大多数情况下，事实也许不像他说的那样，但你会发现他的思路非常合理，而且逻辑性很强。

你可以再进一步问："强尼，如果你坐下来开始看电视，或打游戏，最后还是得从电视机前恋恋不舍地起来去做作业。那个时候该多费劲呢？"

这个方法会让你花去很多精力和时间吗？当然这取决于你看待它的方式。你的观点应该是，如果你现在花些时间去培养孩子，那么将来就会节省更多精力。但无疑，在今天的社会养育子女，要花费的时间和精力比以前任何时候都更多。

如果采用这个方法，你不仅在一点一点地引导孩子去找到正确的人生路，而且你在教导他如何选择及为什么要这样选择？你不仅为他指出了正确的路，而且教会了他选择时的心理过程。你教会了他如何去为他自己的人生做出正确的选择。这将让他终生受益。

伟大的老师会问学生很多问题。他们刻意为之，且充满耐心。并非因为他们不知道问题的答案，而是因为提问是和人们互动的最好的方式，不分年龄层次。我只有参与其中，才会感受到真正的兴趣，学到一些东西。最好的教育孩子的方法就是向他提出正确的问题。

让我们再思考一下下面这个例子。

玛丽是个16岁的女孩。她放学回家问道："爸爸，同学周六晚上有个聚会，我可以去参加吗？"现在，你可以有几种方式来回答这个问题。你可以最简单地回答说："当然，玛丽，你可以做你想做的一切。"或者你可以说："不行，我和你妈妈决定了，你35岁之前，晚上一律不许外出。"或者，你可以问："为什么想去这次聚会呢？"玛丽也许会解释道："噢，你认识迈克的，非常出色的一个男生。半年来，我一直在努力让他能注意到我。是他邀请我去参加这个聚会。”这听上去很有道理，但如果你问：“聚会地点在哪儿呢?”玛丽可能会含含糊糊地说：“顺着街走就到了。”然后你接着问：“去参加这个聚会能让你成为更好的自己么?”或者可以问：“你知道在聚会上可能发生哪些我和你的妈妈不想让你接触到的事情呢?”让我们面对这个现实：现在，在某种程度上，如果十五六岁孩子的聚会不涉及性、毒品、酒精等话题，几乎不可能。玛丽这时可能不知道如何回答你的问题，有点结结巴巴，手足无措。

但最重要的是她知道你对一切都了如指掌。你清楚，她也明白。你们都知道聚会上的某些事情不利于她的成长。

重要的是时刻提醒自己与孩子，不要忘了你们的愿景。那样孩子们才会懂得：你们所争论的焦点并不是聚会的本身，而是如何才能做最好的自己。

你可以问玛丽：“你认为和这些事情接触是否真的是个好主意?”玛丽也许会认为确实是个好主意。但多数情况下，也许她不会这样认为。即使她内心确实认为如此，但孩子很可能还在作着思想斗争。十几岁的孩子都这样。无论她选择哪种答案，你们都在互动。你在让她思考，帮助她成长；你为她呈上了对生活的愿景——做最好的自己；你在用行动来教育她为了实现心中的愿景，怎样来做决定。她在学习如何做出正确的决定，这有助于她过上一种充满了爱、幸福与成功的生活。

最后，你可能要让她坐下来，心平气和地对她说：“听着，玛丽，我和你妈妈决定不让你去参加周六的聚会，原因有几个……，但如果你真的很想和迈克在一起相处一段时间，可以邀请他到咱们家里来，和我们一起吃晚饭。晚饭后，你们可以一起看电影，或在客厅里聊天，我和你妈妈会给你们一些单独相处的时间。但我们确实认为，去参加周六的那个聚会不是个好主意。”你可以给她解释，如果迈克真的想和她在一起，他就会来。如果他不来，某种程度上，也可以看出他是个什么样的人。你还可以借此良机，和她谈谈一个好男人应该具备的品质。

这样做，你会赢得女儿的尊敬。她可能会不喜欢这种方式，而且未来 10 年之内都不会承认你是对的。但她会明白，你不是一个不讲理、独断专行的父母。你爱她，很关心她，在乎她的幸福。你不但有着对家庭的美好愿景，而且具有追求愿景的勇气。这些会让你筋疲力尽么？也许吧。对她的问题，你只要说一个字“行”，不是更简单吗？但若用这种方式，你就为孩子的将来作了糟糕的投资。你需要花时间和孩子进行道德、伦理和精神上的互动，激励她去思考，去成长，去发展。这一切，都需要问对孩子正确的问题。

在这个通信技术发达的时代，简单地坐下来花时间问几个问题仍然不失为与年轻人交流和教育他们的最有效的方式之一。我们所提出的关于人生的问题决定了它的答案和将来我们要走的路。

在我的人生中，有一个最重要的问题，事实上，这个问题在很大程度上定义了我的人生。我将它称之为“人生首要的大问题”。依我看，探寻人生的方向，是我们面临的唯一的问题，即这个问题：“上帝啊，你认为我该怎么做呢？”当有一个小小的决定摆在我面前时，我会问自己这个问题。在我一天中为面临眼前的重大的决定进行祈祷与沉思时，我也会问同样的问题。有时候形式会有所不同。比如：在我面前的哪个决定有利于我的成长？这个问题只是由那个大问题（上帝啊，你认为我该怎么做呢?）衍生而来。因为我相信上帝想让我做最好的自己。而且，我相信上帝创造了我（和你），一定有某种目的。在历史的这一时刻，他已为我分派了一些工作，这些工作不会分派给其他人。有一个使命是专为我而设计。我的天资、才能、性格及生活中出现的所有的机会，让我成为那个使命的最佳人选。

如果我拒绝履行自己的使命，我的行为将对以后的历史产生影响，直到时间的尽头，直到永远。

有趣的是，想一想，这也不足为奇：我人生中最幸福的时光是每次我以认真的态度问了那个“大问题”后，耐心等待答案、坚持不懈地践行所得到的答案时，在静默的沉思中度过的那些时光。诚然，有时候我也会因自私、懒惰、自我、骄傲及性格中的好些缺点而忽视了这个问题。这些时候通常是我人生中的最低谷，即使在这个时期，我偶尔还会在现实中获得巨大的成功。

也许在相当长的时间内你都没有问过自己这个大问题，也许你从来也没有问过。倘若如此，此刻正是天赐良机，我请求你静下心来在今后的几天或数周内认真地来思考这个问题。你也许会想：“我能听到什么样的答案呢?”如果你已经结婚生子，你首要的职责就是照顾你的爱人和孩子。你的工作也许很重要，也许你有权有势，声名远播，但这些都是次要的。家庭才是你的首要职责。你也许想知道其中的原因。因为你的婚姻和家庭为你提供了人生中培养美德与性格的最好的机会，日复一日地在帮助你成为最好的自我。因此，如果你具有勇气去问自己这个问题，具有耐心去等待答案，你将发现：有一种使命在召唤你去做最好的自己，去爱你的爱人与孩子，帮助他们实现最好的自我，这才是真爱之道。

你生活的每一天都是在做决定——作为一个人，一个爱人，一位父母，一名雇员，一个公民。其中有微不足道的小的决定，也有一些将改变你人生整个方向及人际关系的举足轻重的大决定。你最近一次与牧师一起坐在静默室中，问到“我该做些什么”，是什么时候？最近一次和神父坐在一起，说到“请给我一些指导吧”是什么时候？最近一次和你的上帝坐在一起对他说“上帝，你认为我该怎么办”又是什么时候？这是应该主宰你心灵深处对话的问题，是人生的大问题，也是人生的终极问题。如果它不是能主宰你心灵对话的问题，那什么问题才是呢？我的心灵又有何求？什么又能带给我最大的愉悦？我又能为这世界做点什么？世人将如何看我？

在你的孩子们的心目中，主宰你心灵对话的又是什么问题？你做决定时又是出于怎样的考虑？是根据你的偏好还是听从了祈祷时内心的声音？因为如果你所有的决定都基于做决定时的心情或偏好，或早或晚，你的孩子也会养成同样的习惯。如果他们知道你一贯总是独立做出自己的决定，那么，在他们的潜意识中，会将其归因于你心中上帝的引导。他们受此影响，以后自然而然也会开始这样做。但如果你在做决定时向上帝寻求指引，他们也会学会这样做。也许不是此时此地，不是今天。但将来某一天当他们不再年轻、不会像今天这样确信时，当有一天毫无防备而突然受到生活的捉弄以致茫然无措时，他们将会向生活中这个最大的向导和顾问寻求帮助，从中得到安慰，找到问题的答案。

提问时语言的表达作用也不容忽视，因为它反映了你的动机和目的，语言在交流时传递的信息量远远超过了我们的想象。让我举个简单的例子：当我对孩子们说“让我思考一下”，这是每天会遇到的再普通不过的表达。也许它确实是我们每天所要做的，但我们换种说法对孩子们说：“让我们为它祈祷吧！”这样传达出的信息就完全不同了。事实上，如果我们确实做了祈祷，而不是只是简单地想一想，这对孩子产生的影响会完全不同。

无论你在生活中扮演什么角色，个人、爱人或父母，问对问题对我们都非常有用。事实上，在很多情况下，我们因受文化的影响，问了孩子错误的问题，误导了他们，没能把他们引导到这个人生的大问题上来。当孩子年幼时我们会问：“你长大想做什么？”他们说想当一名消防员或护士，一名老师或律师。当孩子上了高中时我们又会问：“上了大学你想学什么专业？”他们也许告诉我们想学习商业、工程学、政治学、通信等，也许他们会说还未想好。当他们上了大学我们又开始问：“毕业后你想干什么工作？”他们的回答是：“想在大城市找到一份工作，在要承担所有的成人必须承担的社会责任之前，过一种年轻的单身专业人士的生活。”然后，孩子大学毕业了，找到一份理想的工作，过上了完全想要的生活。这会让他们感到幸福吗？不会。梭罗曾说过：“大多数人都生活在平静的绝望中。”你的孩子也在慢慢地步入这种生活。日复一日，他们蜕化得越来越像芸芸众生中普通的一员，他们甚至从未想过有一天自己也会这样。孩子遵循着我们为他们指好的路，而我们正在将他们引向歧途。原因何在呢？因为我们问了错的问题。

你想做什么呢？这本身就是个错误的问题。在我的生活中，我曾问过这个问题，回答过这个问题，追随过这个问题很多次。但它从来没有为我带来幸福，却将我引向了自大、骄傲、欲望、贪婪、嫉妒、欺骗和痛苦的歧途。没有实现自我提升的喜悦，没有清纯与平和的心境，我不清楚自己是谁，身在何处，所做的事有什么意义。

我所认识的最幸福的人不是那些想做什么就做什么、随心所欲生活的人们。事实上，他们的声望 、财富、地位允许他们无论何时何地都可以做任何想做的事情，但就我所知，他们中大多数人都没有幸福感。是的，这些都不是幸福的秘诀所在，我所认识的最幸福的人是那些提问并回答了人生的“大问题”、并不断去践行答案的人们，是那些具有使命感的人们。我们不能去选择使命，只需静静倾听使命的召唤。

你也许在想，对年轻人来说什么才是对的问题呢？人生的那个大问题下有无数小问题。是什么在召唤你？你如何用自己的天赋、能力、品质最好地服务于社会。什么才是你今生的使命？关于你将来的生活，上帝给了你怎样的启示？

第一次问孩子这个问题的时候，他们可能会一脸茫然。但只要你问这个问题，就会为孩子提供一种不同的思路。只要你问这个问题，就会让孩子开始思考问题的答案，无论有意还是无意。也许在 10 年、20 年甚至 30 年后孩子才会开始认真地对待这个问题，但在他们的脑海与心灵中播下一颗思考的种子，永远不会嫌早。

问题的力量是巨大的。提出正确的问题可以改变人们的交谈、关系、生活、商业、宗教、国家甚至整个人类的方向。请问你自己、你的爱人与孩子正确的问题。你问了错误的问题不可能得到正确的答案。无论你作为个人、爱人、父母，你需要培养的重要的技巧之一就是问对正确的问题。生活就是一个提出问题与寻找答案的过程。

人人都需要嗜好

因为职业的特殊性，我有大量和年轻人尤其是青少年接触的机会。在过去的10年中，与我一起工作过的青少年大约有50多万人次。人们总会问我各种各样关于年轻人的问题。几年来我一直在问自己这个问题："他们之间有什么共同之处呢？"共同点当然很多，并且很多人还能把他们大部分共同点说出来。但我惊奇地发现：他们都需要嗜好。

经过反思后，我开始相信：不只是年轻人，我们每个人都需要嗜好。因为健康的嗜好能让我们思想集中，让我们的生活获得平衡。另外，嗜好还是激情、能量、热情与活力的源泉，是我们每天早早起床的动力。年复一年，这对于没有一点嗜好的人似乎有点难。你有嗜好吗？你的嗜好是什么？

当然，重要的是要注意嗜好有好有坏。如何才能识别呢？再简单不过了。那些有助于我们实现更好自我的就是好的，就是我们应该追求与赞美的。

因此，在我访问很多高中时，我会从少男少女的视角去探究他们的嗜好。孩子们寻找让他们痴迷的人、事、物是一种自然天性，仅知道这一点对父母十分有用。

不幸的是，越来越多的年轻人早早地就被一些不良嗜好所吸引，那些自我毁灭式的嗜好，不能为他们年轻的生命带来任何激情、能量、热情和活力。不仅如此，它们还常常会煽动起抑郁和幻灭的火焰。从传统上讲，性、毒品和酒精都属这些自毁式的嗜好之列，当它们在年轻人群中日益泛滥时，一些更微妙、更隐蔽的新兴嗜好又取而代之，占据了青少年文化的中心地位。这些新的嗜好种类有：体形，权利感，上网。

所有的年轻人都有嗜好吗？当然。每个人年轻时或多或少都有自己的嗜好。我酷爱板球、足球、钢琴、高尔夫及经商，我确信与这些交织在一起的，还有我对时尚的迷恋，这些嗜好伴随着我成长的过程。到现在我仍然喜欢它们，但并不痴迷其中。现在令人担心的是：当今的年轻人容易沉迷于一些嗜好，这对他们产生了长期的心理影响。兴奋剂、一夜情、色情网站、网络暴力游戏，随手可得。这些都是你的孩子每天能接触到的自我毁灭和沉沦行为中的一小部分。如果你认为你的孩子不可能沾染上这些恶习，那你真该清醒清醒了。它们到处都是，我的意思是它们无处不在。也许在你平时最不去留意的地方这些恶习比其他任何地方还要泛滥。

我需要的是积极的、有助于我们探索自己的能力与极限的嗜好，它们能让我们挑战自我，突破自我，教导我们自信，让我们感受到执著的喜悦。执著与迷恋是人的天性。这也是年轻人为什么容易相爱而且爱得很深的原因之一，不是有一点点迷恋，而是完全占有的痴迷的爱。他们渴望爱情，因为这是人类的天性。当然，这种爱情可能是健康的，也可能是不健康的。但大多数情况下是不健康的，因为它是错位的。我们迷恋占有、接受、职业、关系等一切稍纵即逝的东西，而不是找到一种持久的迷恋。

我们之所以迷恋某物是有一定原因的，但如果你所迷恋的是短暂易逝的东西，常会以失望和遗憾收场。因而我们应该专注于更持久、更有意义的追求——对最好的自我的追求。这种追求为我们带来了令人兴奋的挑战和机遇。它是我们嗜好的最佳终极归宿。基督徒致力于做最好的自己，因为他们认为这是用心灵、思想、身体、灵魂爱上帝和邻人最好的方式。而有的人一生在追求别的东西，只是相对来说，一些人追求的目的和动机比另一些人好一点。但这就属于另一个讨论范畴了。在此，我们要明白的是：人人都需要嗜好，嗜好能激发我们的热情与活力，为我们的生活带来意义。它让我们在困境中获得坚持下去的勇气，让成功变得更有意义。你的孩子将会痴迷于某些事、某些人、某些地儿、某些活动。有的会成为持久的爱好，而有的则会随着时间的流逝而消逝。有的会对他们产生积极的影响，而有的却产生了消极的作用。有的则具有十足的破坏性。我祈祷和祝愿天下的父母不会遭遇看着自己的孩子沉迷于某种不良的嗜好不能自拔、自己却无能为力的状况。关键是你要认识到：你的孩子正在寻求一种能为之付出生命的嗜好。若能认识到这一点，作为父母，你就已经向前迈出了一大步了。

教育的作用

我的父亲在伦敦一个贫穷的家庭中长大，他当时困窘的状况几乎令人无法想象。但他凭借着努力工作、坚强的意志和上帝的恩惠，开创了属于自己的生活。为了让家人能过上更好的生活，他拼命地工作，无论有多辛苦，从未在我们面前提及过。每当看到我们获得各种荣誉和机会时，他会为我们感到骄傲与欣喜，因为那是他孩子时代梦寐以求却从未得到过的东西。父亲和他同辈的很多人一样十分重视孩子的教育，甚至更甚，因为他 12 岁以后再没有接受过任何正式的教育。如果他只能给我们一样东西，他会选择给我们一流的教育。

米尔德丽德·奥色麦尔认为教育可以解决世界上的很多问题。米尔德丽德·奥色麦尔于1998年在她曾生活了数十年的布鲁克林的家中逝世。她的丈夫唐纳德逝世于1995年。他们夫妇一生致力于教育事业，唐纳德生前是一名大学教授，而米尔德丽德是一名教师。在朋友和邻居的眼中，唐纳德夫妇一直过着一种自在和谦逊的生活。你能想象当人们得知他们身后的遗产多达8亿美元时有多么惊讶吗？他们将这些钱全部捐献给了慈善和教育事业，其中一大部分捐给了大学和学院。

全世界各地有无数因支持教育事业而赢得世人尊敬的故事。数十年来，我们也看到正是教育解决了很多个人、社会和国家的难题。我在向教育致以崇高敬意的同时，不得不思考：作为父母，要实现我们养儿育女的愿景，又该怎样来教育他们呢？

让我们看一下阿特·卡茨的故事。阿特·卡茨毕生致力于教育事业，是当代伟大的思想家之一。他认为世界需要教育，人类需要教育，只有教育才能避免大屠杀那样的惨剧再次重演。他认为教育正是这个问题的答案。经过很多年的自我教育与教学后，他终于鼓起勇气去参观了无数先辈惨遭杀害的纳粹集中营。

一个寒冬的午后，当他站在集中营里时，他突然意识到大屠杀并不是教育缺失的结果，这个一生中最惊人的发现让他产生了极大的挫败感，并由此放弃了以前的执念。20世纪三四十年代的德国人并非没有受过教育，这个国家也非未曾开化的原始部落，而是一个教育发达、高度文明的国度，在很多领域都曾涌现过像爱因斯坦那样杰出的思想领袖。这个发现让他陷入了深深的困惑之中。

那天下午，在他从集中营开车回去的路上，开始下起了雨，车子突然出现故障，坏在了路上。于是他下车步行了很长一段路，来到了一栋小房子前，寻求主人的帮助。这所房子的主人，一位年老的绅士，为他提供了他所需的一切帮助。他们一起去修车。阿特·卡茨在这个陌生人的家里洗了澡，烘干了衣服，还被邀一起共进晚餐。他对主人的善意与慷慨困惑不已，最后临别时，他问道："您今天为什么对我这么好？"这位老人答道："我的基督教的信仰要求我爱我的邻居，在他需要时帮助他。"很多年以后，阿特·卡茨回忆说他就是在那一刻皈依了基督教，他意识到：是爱而不是教育，为世界面临的很多困境提供了答案。不是爱的理论，也不是爱这个字，而是一种在日常生活的点滴中真正的相互关爱的实际行动。

我之所以与大家一起分享这个故事，是因为我想最重要的是父母应将所做一切纳入到孩子的愿景中去考虑。教育为所有年轻人的成长提供了很好的机会，但教育的决策不是在真空中做出来的。为了我们的孩子能够更加聪明、健康、自由地成长，无论身处何种环境，去选择和追求最好的自己，我们应该把对教育及与其相关的一切事情置于一个更宏大、更广阔的愿景中去思考。

教育本身并不具备道德评判的功能。纳粹党人教他们的军官怎样去杀害600万犹太人，很多大城市的犯罪团伙教他们的年轻成员去贩毒、偷盗、杀人。并非一切教育都是好的。我们需要学习的是：什么决定了教育的品质。

还有，好的教育具体由哪些部分组成？也许是该重新思考一下这个问题的时候了。我们不仅要站在父母的立场去考虑要送孩子去哪所学校上学，而且还要站在社会成员的大角度考虑我们对孩子教育的选择会收获怎样的果实。很多公司高层管理人员应该都接受过用金钱买到的最好的教育，但近些年，这个群体因涉嫌不诚信及商业欺诈行为遭到控告的官司层出不穷，高学历者制造的恐怖暴力犯罪每天也时有发生。探究每一桩事件背后的原因，我们发现这与当代教育中素质教育的缺失不无关系。

近些年，在美国及许多国家掀起了一场如火如荼的“素质教育”运动。但是难道它不正说明：事实上我们的确需要这场运动？是不是偶尔邀请一两个嘉宾来讲一讲素质对我们生活的重要性就够了？这种方式只会让人觉得素质像生活大餐中可有可无的装饰品。如果我们的教育体制照这样发展下去，又怎么能期待孩子有其他突破呢？无疑，素质教育应处于课程教育的核心。

教育（education）一词 来源于拉丁语动词 educare ，意为“引出”或“导出”。最好的教育就是把学生身上潜在的最好的自我由内而外引导出来，然而，不幸的是，我们在追逐更多的金钱与物质的过程中，教育体系也随之变得越来越具有强制性。我们给学生强加这个、强加那个，然后，让他们做好进入商业领域的准备。因此，有那么多人感觉他们在工作中苦不堪言就不足为奇了。他们有没有想过：此生我要为社会做出什么贡献呢？

今天，最让父母头疼的问题之一是学生的择校问题。当然，有些人是别无选择。但当我们评价教育的好坏，应该送孩子去哪个学校读书时，我认为我们不应先考虑哪个学校的毕业率、平均成绩及名牌大学的录取率最高。是的，我们应更看重素质与领导力的教育。这个学校的老师们素质高吗？校长是不是一个严厉公正的人？学校有没有宏伟的愿景？或者只要简单地努力达到标准化的考试要求、没有一个人掉队就可以了？

教育具有如此强大的力量和重要性，在缺乏愿景时，就显得尤为强大和重要。在很多方面，让我们有教无类的愿景显得如此渺小。

是再一次开始重视素质教育的时候了。无论是公立还是私立学校，素质教育都不应作为学校教育的附属科目，而应该成为基础课程的核心和灵魂。我们已经利用科技的力量在一些不为我们父辈所知的领域取得了巨大的进步。现在问题是：我们是否具备驾驭当下生活的素质，让世界变得更美好，成为我们孩子居住和生活的一方乐土？我们处于一个和平与富足、混乱与悲痛并存的时代，我们的文化在两种状态下举棋不定—— 这正需要我们的素质来一定乾坤。

我们需要比任何时代都无与伦比的素质来武装我们时代的伟大思想。

工作与休息

父母对孩子影响最大的一个方面是：对工作和休息的态度。我父亲的一生从来不在白天睡觉。他唯一一段早上 7 点后还在床上的时间，是在他生命的晚期与癌症作斗争时，那时他已经无法起床了。除此之外，在我的记忆中，他从未睡过一次懒觉。我认为，父亲习惯的形成有它的两面性。好的一面是来自于父亲对生活充满了感恩，他想充分过好每一天；不好的一面，在某种程度上是因为童年时代的艰苦生活让他认为睡懒觉是件奢侈的事情。在我的少年时代每次睡懒觉的时候，父亲会到我的房间，问我是否需要起床。或者晚上，他会来我们兄弟的房间问是否需要他早上叫我们起床。在有些时候，我向他解释我不需要早起或我要睡到自然醒，他看上去似乎总是很困惑。因为我的这种想法对他完全是陌生的。甚至直到今天，当我睡懒觉时，内心还会觉得有点愧疚。并不是因为我认为那样父亲会看不起我，只是我发现这已经成为了一种难以动摇的心理习惯。让我在余生中一睡懒觉就感到愧疚，并非父亲的本意，他只是以他所认识的方式来生活。父母的生活态度和行为对我们的影响是巨大的。

我和我的好友托尼多次谈论过这个话题。托尼家有兄弟姐妹 13 人。他的父亲与同辈人一样，一生忙碌操劳。在他的观念中，游手好闲就是魔鬼的乐园。从某种意义上讲，也许他是对的，但他这种极端的教育方法给孩子们的心理永远留下了阴影。托尼坦率地告诉我，过去他根本无法坐下来休息。总感觉需要不停地做点儿什么。从理智上来讲，他很清楚放松的重要性，但就是做不到。在他们小的时候，无论何时，他的父亲只要一看见他和他的兄弟姐妹坐着无所事事，就会冲他们大喊大叫，并给他们派些杂活。

有时候，会让他们去院子里挖些无用的坑，不为别的，只为给他们找点事儿做。他的父亲虽然已经过世，但直到今天还在影响着他们每天的生活。不要感到吃惊，托尼的几个兄弟姐妹们都会坦率地承认他们是工作狂。幸运的是，托尼已经认识到问题的原因，他在妻子的爱与帮助下，用了几年的时间学会了生活中放松的艺术，他现在偶尔会整个下午什么都不干，有时还会外出休假几天。但他发现父亲的精神不时地还会控制他，需要极力挣扎才能摆脱。

你对休息持什么态度？又是怎样教育你的孩子的？

当然我们身边也不乏另一种例子：父母无所事事，做事永远懒懒散散，拖拖沓沓，一生似乎都在休息中度过。我们给孩子们传递的对待休息的态度会永远地影响着他们的生活。

父母对孩子另一个巨大的影响是对工作的态度。工作占用了人们生活中大部分的时间。人们在工作上用的时间比与爱人和孩子待在一起的时间多，比吃饭和睡觉的时间多，比锻炼身体、读书、度假、追求兴趣爱好的时间也要多。工作占用了人们大量的时间。在职业生涯中，一个美国人的平均工作时间为100 000小时。不言而喻，我们的工作态度直接影响了我们的生活幸福指数。

看完上面的文字，很多人第一反应是：我们用在工作上的时间实在太多了。不错，在我们身边，确实有很多人工作过度，但这对大多数人来，真正的问题不在于此。工作是生活的自然的组成部分，在我们追求自我完善的过程中，发挥着至关重要的作用。工作不只是为了钱，不幸的是，当代的文化却持相反的观点。工作更深远、更伟大的意义在于：当我们努力工作、专注于工作的细节时，会让我们成就更好的自己。努力工作会培养我们的美德，努力工作会培养我们的耐心、毅力、冷静及无数的良好品质。

我父亲十分热爱他的工作，有时他下班回家时，看上去似乎有点压力和疲惫，但他偶尔才会这样，十之八九，都很愉快。我也十分热爱自己的工作，无疑，是父亲对待工作的态度从小就影响了我。

另一方面，很多人的父母不喜欢他们的工作。假如我的父亲每晚回家都抱怨他的工作，贬低他的老板，那么我想我现在对工作的态度将会完全不同。我认为，我能找到自己一生热爱的工作，不是个偶然。很小的时候，我就知道一个人可以去做喜欢做的事情。我的父亲是一名餐饮行业的设备销售员。曾有一两次，我问过他为什么如此喜欢他的工作。说实话，我觉得那份工作没什么吸引人的，因此也无法理解他对那份工作的热情。父亲告诉我："马修，我喜欢做生意，喜欢销售产品。这与产品无关，而是关乎到人，我喜欢的是因工作建立起来的人际圈。我喜欢到客户的面包店里去拜访他们，有的客户已经和我打了 40 多年的交道了，我喜欢看着他们的生意和家庭的成长。马修，我喜欢与人交往，那就是我生意很好的原因，生意就是一门关于人的学问。"对我的父亲而言，也许他一直都在销售最好的产品，因为人际关系是他的激情所在。当然这份工作中，也有不太令他喜欢的地方：书面工作和编制预算，但他清楚这些都是那份他热爱着的工作的必要的一部分。

我的母亲对工作也有着一种积极的态度。尽管在我的记忆中，她从未外出工作，但她经常给我们讲她年轻时工作的故事。当我长大成人参加工作时，母亲的故事仍然对我产生着积极影响。

在工作中既有开心的事，也有令人烦恼头疼的事，我们不应该刻意向孩子们掩饰什么。但无论怎样，我们每天下班回家时，一定要注意我们对一天工作的反思（通过我们语言和行动）正在影响着孩子对工作的看法和态度。

同样，如果你不是真正喜欢自己的工作，你能为孩子做的最有意义的事情就是去找份真正能激发你热情的工作。看到父母对自己的工作充满了无限热情，会让孩子们懂得，他们也完全有可能找到一份充满挑战、令人满意的工作。

除了工作态度本身外，父母还有意无意地影响了孩子最终选择从事的职业。一些父母用自身行为驱使孩子选择了某些职业，有些父母想劝诱孩子选择某些职业，但结果适得其反，孩子们却远离了这些职业。

就这点而言，最令我吃惊的是人们对待财富的态度。我遇到过一些父母，身价非凡，拥有的巨额财富够挥霍上几十辈子了，但他们仍然会驱使孩子选择他们心目中的高回报的职业。如果中产阶级或城市贫民持着这样的态度，可以让人理解。但最令人费解的是很多富裕阶层的父母也会这样做。无疑，这些父母完全有能力让孩子去从事自己喜欢的职业或者更好的职业，让孩子去从事能为社会做出最大贡献的职业。然而，他们却驱使孩子去了每周需要工作 60 个小时以上的会计师或律师事务所。

从根本上讲，无论我们作为父母的经济状况和收入方式如何，都应该鼓励孩子去探索他们独特的天赋和能力，从事能让他们充满激情的职业，发现和运用自己的专业所长，为社会做出贡献。

如果你从来不用为钱的事情操心，你有足够的钱去买需要的和大部分想要的东西，你会选择去做什么工作？作为一名商业咨询顾问，我了解到：大部分人不会再选择现在的工作。这并不意味着他们现在的工作境遇不佳，而只是说，他们会选择去做别的工作。大多情况下，他们会说新的工作能让他们做出更大的贡献。在现代的生活中每天都上演的最大的一个悲剧是：人们从事的工作与真正擅长的工作之间严重错位。让我们帮助我们的孩子在这个社会上找到他们的职业，可供支付账单、享受生活。同时，他们能充满热情地去工作，去体验自己对社会做出的独特的贡献而带来的满足感。

我的父亲一生中没有得到足够的休息。事实上，我自己也是个工作狂。我的父亲热爱他的工作，他的这种热爱具有感染力，我被他感染了，我也非常庆幸如此。我相信一个人一生中能去从事他热爱的工作，实在是莫大的幸运。我正尝试着让自己工作的时间少一点，休息放松多一点，不再为此感到愧疚。我的人生还在向前，但最重要的是我很喜欢人生这场冒险。

关于金钱的哲学

今天这个时代为年轻人提供了无与伦比的教育机会。但金钱教育却是我们未曾涉及的领域之一。我们需要让孩子们知道金钱更多的是一种责任，而非资产。生活在今天这个经济社会，孩子们需要金钱的知识。如果要进一步成长发展，就需要比之前任何一代人更高级的金钱知识。当前的现实是：孩子们刚步入社会时连最基本的金钱知识都不具备，好似羊羔入了虎口。

一提起金钱，依据我的经验，人可被分为两类：极度节俭者和挥金如土者。在一端，极度节俭的人尽可能地把他们的收入剩下来，存起来。他们几乎享受不到购买的乐趣，甚至在购买必需品时，也常常感到愧疚。而在另一端，挥金如土者花钱如流水，他们似乎抗拒不了购买的冲动，感觉所买的东西似乎都是必需的，而且常常弄不明白口袋里为什么总是缺钱。

当然，这是两个极端的例子。在这个范围内，还可被分为各种不同的程度。但我们可以看出，一提到钱，我们大部分人的态度是多么极端。更具讽刺意味的是，在人际交往中，节俭的人对挥金如土的人往往颇具吸引力。

金钱为我们提供了教导孩子认识自我和生活的良机。我愿意就此为你单独写本书，但在这儿先让我们关注一下它的一些基本知识。

去年，我去拜访我的朋友潘特和劳拉，他们夫妇生活在旧金山海湾一带，育有三个很棒的孩子。我到他家时，孩子们正准备睡觉，潘特正在为孩子们读睡前故事，劳拉建议孩子们和我打声招呼。当我和劳拉进入孩子们的房间时，他们正围在父亲周围。我环顾孩子们的房间，注意到了在两个年龄较大的孩子——康纳和马修的衣柜上各有三个玻璃罐。每个罐子上有一个手写的标签。第一个写着：存款。第二个写着：花费。第三个写着：慈善。

潘特为孩子们读完故事后，亲吻了他们并道晚安，等他们都上床后，才关了灯。后来我们一起外出用餐，我问起他罐子的事情，听后颇受启发。他解释道："孩子们经常会得到一些钱，或是帮着做家务时，他们给的；或是过生日时祖父母给的。每次拿到钱后，都要将它分成三份放进三个罐子。10%用于慈善，10%用于储蓄，剩余部分用于消费。"多么好的一个教育方法啊！虽十分简单，却让我们能学到很多。

首先，孩子们养成了一个强有力的习惯。任何一个将收入的10%用于储蓄的人，迟早会实现财务的相对安全和独立。一般的美国人用于储蓄的钱不及收入的1%（退休金部分除外），培养孩子们储蓄的习惯宜早不宜晚。

这个方法还让孩子们养成了慷慨的好习惯（美德）。将收入的10%捐给慈善事业，让他们学会了帮助那些亟待帮助的人们及所信仰的事业。还让他们懂得了，社会上有许许多多的机构在做善事，为需要帮助的人提供帮助。每个季末，他们会决定将钱捐给某个或某些慈善机构。另外他们还知道：你不可能为所有的机构捐款。

这些知识都非常重要。这个习惯还教会他们要享受花钱的快乐。我发现在生活中，我常常舍不得为自己花钱，在为别人花钱时，我眼睛可能都不会眨一下，但花钱买自己很想要的东西时，内心却很纠结。我经常会把自己的念头掐掉，把钱省下来。最近几年，我开始向那两个孩子学习，即把收入的一定比例用于消费。只要不超过预先分配的比例，我可以花钱买任何想要的东西。这个方法让我从花钱的愧疚感中解脱出来，享受到了花自己赚来的钱的快乐。从花钱中，我们学到的一个重要的知识是：生活是一种关于有限资源的分配。

潘特和劳拉告诉我，有时孩子想买某个东西，但花费罐里的钱却不够，他们会恳求父母允许从储蓄罐或慈善罐中拿或借一点。对潘特和劳拉而言，最简单的解决办法就是再给孩子们一些钱，或直接允许他们使用另外两个罐子里的钱。但他们却没有这样做。因为这样就失去了意义。而在我们的生活中，大多数人却会这样做。他们缺乏制订计划并坚持下去的训练，缺乏对金钱进行合理分配和花费的约束。

除了从实际的方面教育孩子如何管理和使用金钱外，我们的金钱观和消费的方式也极大地影响着孩子。我为自己买东西时，总不能感到心安理得。这个习惯是受父亲的影响所致。它已经植入了我的思想深处，须有意识的努力才能克服。但我想这并不是父亲的本意所在，他只是按自己所认识的最好的方式来生活。这又是一个父母的生活态度对子女产生重大影响的例子。

在进入下一个问题的讨论之前，我想就当今社会中与金钱有关的三大趋势和大家进行探讨，并作简要评论。每个趋势都是特定的社会环境和时代的产物，至少在一定范围内如此。

第一波趋势：“富贵病”。它和流行感冒一样，通过社会接触传播，一旦接触到已感染的人，传播速度非常快。在过去的20多年，被我们称之为“婴儿潮”的一代积聚了大量的财富，强烈地渴望把自己在年轻时没有得到的一切都给予孩子，缺乏冷静的头脑和自律意识，对孩子万般娇纵，不教导孩子们了解积累财富和金钱的法则与作用，也不关心孩子们将来是否能支撑这种他们已经习惯了的奢侈生活。结果，很多高中校园看上去像一个个豪华轿车的经销行。十几岁的少女挎着上千元的华丽手袋不足为奇，很多孩子拿着最新式的iPone，或穿着最新款的名牌运动鞋，他们认为这些都是上帝赐予的权利，一切都理所应当。

“富贵病”引发了第二波趋势——青少年和年轻人强烈的权利感。我从一个商业顾问视角观察到，当代年轻人强烈的权利感对公司的影响让我吃惊。以前我们向老板提出加薪时，也许会说“我值得加薪，因为我为公司做了123件事，从123个方面为公司做出了贡献。”而现在的年轻人却会说：“我有权利得到加薪，因为我已在这儿工作满一年了。”如果我们给予人们某些东西，却没有对他们进行相关的价值教育，从根本上讲，我们是这种权利感的始作俑者。它也是削弱人类进取精神的罪魁祸首之一。现在世界上很多国家，福利项目的失败已有一段很长的历史。这足以证明你在给予人们不是靠自己努力得到的东西的同时，却没有授予他们获得这种东西的能力，将来，他们会失去得更多，因为你创造的权利感扼杀了他们自己的进取精神。在另一个极端：富裕阶层对待信托基金的态度更甚。我们也常常会看到在一些信托基金的获得者身上，流露出来的同样的权利感。

当今社会出现的第三波强大的趋势——父母试图用钱来买孩子的爱。之所以出现这种趋势主要有两个原因。一是因为父母忙于工作，和孩子们在一起的时间太少，觉得亏欠孩子太多，因此想极力地补偿孩子来克服内心的歉疚感。二是因为当下离婚率的上升，父母想通过为孩子买礼物来博得他们的好感。上述两种原因造成的后果是：孩子学会了将礼物和爱联系在一起。长此以往，他们将会习惯和寻找那样的爱。最典型的例子是一位父亲，没有在女儿身上投入过真正的、健康的感情，却不断给女儿买礼物，无数的礼物，尽一切可能从物质上满足她。试想等到女儿长大成人，哪种男人会更吸引她呢？自然是像她父亲那样——愿意为她花钱买东西的男人。也许这个男人并不具有什么涵养和美德，但是父亲的方式已经深深地影响了她的爱情观。她会认为，爱就理应如此。当我们用金钱和礼物去赢得孩子的爱时，就从很多方面扭曲了他们的人生与爱情观，让他们的余生都在畸形的观念中挣扎。

是不是所有的父母都渴望给予孩子世界上美好的东西和美妙的体验？当然了，这是人的天性。只要经济能力许可，父母都想给予孩子最好的一切。但更重要的是我们表达爱的方式，父母应该帮助孩子找到自己人生的路，实现最好的自我，而非相反。

金钱是一件奇怪的东西，要么你去驾驭它，做它的主人；要么匍匐在它的脚下，做它的奴仆。但它永远不会成为你的朋友。每个人都有自己的金钱观，而且无论你表达出来或藏于心底，这种哲学都在对我们的生活产生着巨大的影响。大多数人会认为别人拥有的太多，而自己拥有的则太少。几乎从未有人这样想过：“我很满足，因为我现在所拥有的一切都刚刚好！”觉得自己拥有的太少是因为感觉自己还需要为了生存拼命地去赚钱，而觉得拥有的太多是因为你很难以本真的我去生活，因为你害怕失去已经拥有的。总之，金钱可以驱使人们去做本不喜欢的事情。有时，人们甚至为了金钱不择手段。

或者，你可以抛开一切有关它的话题，以一种不屑的口吻说：金钱并没有那么重要。但不可否认，过去的几百年间，它的重要性与日俱增。我们的生活比以往任何时候都更加复杂，也更加依赖于它。但金钱最重要的意义在于它会影响我们的人际关系，在我们追随内心、实现梦想的道路上，它既可能成为助推器，也可能成为绊脚石。

你的金钱观是什么？你正在为你的孩子传授怎样的金钱观？积极的？还是消极的？

饮食·运动·体型

习惯造就未来。没有什么能比饮食、锻炼与外表的习惯对我们更重要了。在《生活的节奏》一书中，我比较详细地解释了风靡整个20世纪的时间管理理念为什么要让步于21世纪的能量管理理念。时间管理对于人生和事业的成功至关重要，但能量管理是我们追求卓越的必由之路。饮食和锻炼是我们身体能量的两个主要来源（第三个是睡觉）。孩子们似乎总是有无穷无尽的能量，但我们很少想过怎么去管理它。等到真正需要去了解能量管理的时候，已经形成了很多相反的习惯……而那时，孩子已经长大成人，离你远去了，你再也没有机会去指导他们了。有的父母可能会说："他们还太小，不懂这些。"或者有的父母会说："反正他们也不会听。"记住：孩子远比我们想象的聪明。在我们的思想中，有些东西似乎超过了他们的理解范围，但如果我们用一种充满爱的方式去引导他们，他们是可以完全领会的。也许你讲话的时候，他们会满不在乎，假装没有听见，但实际上他们听了。估计不出 24 小时，大部分你所说的内容就传到他朋友的耳中了。也许他们在长大离家后，或在你过世后很久，还在思考你说过的话，那些假装没有听见的话。父母和孩子在一起的时间是有限的，能用于教育他们的时间就更有限，养育孩子是世界上最费心劳神的一项工作，我们要关注根本的东西。

与孩子的沟通很困难。我的意思是真正深入到他们内心，了解他们的思想，几乎不可能。那么，父母能做些什么呢？父母需要抽出大量的时间，这点我们前面已经明确地讲过。不要期待每天和孩子坐下交谈一两分钟，他们就会把一天所发生的事一股脑儿全倒给你。你先不必考虑孩子心里在想什么，重要的是先抽出时间来与孩子们交谈。同时，也要注意交谈时的环境和氛围。

我的父母在这方面已经做得十分好，但也非尽善尽美。他们做的最不好的一件事就是每天吃完晚饭收拾完毕后，坐下来看电视，经常如此。有时，我看到母亲想和父亲说句话（反之亦然），他（她）却完全沉迷在正在播的电视剧或电影中了。他们会利用插播广告的时间交谈两句，电视剧一开始，谈话就中止了。这种情况让人不快。我十几岁的时候，有时候想和他们说几句话，遇到这种情况，我会坐在一边等着电影结束。记得有两三次一拿起节目单一看，电影还得演一个小时。我只好起身回自己房间去了。

创造一些适宜与孩子沟通的环境和氛围非常重要。运动就是一个与他们相处的非常独特的机会。我指的不是与他们一起去看足球或棒球赛。当然这点在某种情况下也很重要。我的意思是和他们一起去锻炼身体，尤其是他们进入青春期时。在我的旅行中，一位父亲巧妙的育儿方式深深地打动了我，他带着他十几岁的孩子们一起骑多人自行车去郊区兜风，他在前面蹬，孩子们在后边骑。这种方式避免了父子间面对面坐着交谈的压力感或亲密感，更加有趣和愉快。而且锻炼会促进人体安多芬的分泌，一旦我们大脑受到安多芬的刺激，我们的思考和行为的方式会表现得与平常不同……自然，交流的方式也会不同。这位父亲发现，一起骑车的过程中，孩子会变得无话不谈。我想在这种情况下，这位父亲偶尔就可以问一些他真正想知道的问题。他发现当安多芬涌动时，一些平时在家里或一起开车看球赛时孩子们从来不会谈及的话题，在骑车过程中竟然可以畅所欲言。

也许你不喜欢骑自行车，或许你的家庭买不起多人自行车，或者你家里根本没地儿放。这些都不是重点，重点在于我们从中受到的启发，由此联想到的上千种有趣又令人兴奋的方法。也许也可以和孩子们一起进行一次长距离的散步。也别给自己施压，别勉强自己。先慢慢地从自己开始谈起，和孩子们谈谈你的生活，邀请他们进入到你的世界来，让他们感受到你的爱与人性，这样他们自然会向你敞开心扉。

这仅仅是父母和孩子一起运动的益处之一。除了增加交流的机会外，让孩子了解运动的意义也是父母的重要责任。毋庸置疑，传递这个信息最好的方法就是自己要养成一个良好的、健康的、经常运动的习惯。要避免两个极端。如果你从来不运动，或很少运动，你很难说服你的孩子认同经常锻炼的好处。同样，如果你是个运动狂，孩子可能会认为你不正常，同样不会理睬你的建议。

你的孩子和世界上其他人一样，在寻找一个领路人，而非指路人。他们的口头禅是："不要在一旁指指点点，直接做给我看！"如果没有父母、老师、兄长、姐姐、导师、教练的领导，没有真正的领导，孩子们容易变得愤世嫉俗和自由散漫。

父母忽略了孩子运动教育的另外一个原因是：他们认为孩子们会在学校参加一些更有趣的集体体育活动。但很多孩子十几岁时因为经常运动对荷尔蒙的爆发的反作用而退出集体活动，一旦他们高中毕业进入大学，只有一小部分学生会继续参加集体体育活动。加上大学的饮食习惯，我们经常看到很多大一新生学期末结束后回到家时，体重比刚入学时增加了十几磅到二十磅。

这又将我们带到了饮食这个话题。你的饮食习惯如何？你孩子的又如何？你是怎样给孩子们讲解有关食物的知识的？你的饮食习惯给孩子传递了什么样的信息？

从医学角度分析，51%以上的儿童和青少年已经超重，其中的1/3被认为患有肥胖症。这个问题影响到了我们生活和社会的方方面面。从个人的层面上来讲，肥胖会影响一个人的能量水平、注意力的集中，还不可避免地导致自尊心的问题。从社会层面讲，它影响了社会各个领域的效率和效力，削弱了一个国家整体的健康水平，导致了保健费用的上涨，等等。

孩子出现肥胖问题是父母的错吗？这个问题很难回答。通常情况下，当然不是。导致肥胖的因素有无数种：基因、饮食、运动及一个人对食物摄入较差的控制力，等等。但如果我们换一种说法，孩子肥胖可能是父母的错吗？答案是绝对可能。从某些方面看，我们不得不把问题的部分原因归咎于父母没有尽到养育的责任。考虑到父母在家庭中的地位和权威，生活中的方方面面无不受到这种不负责任的行为的影响。父母有时也是问题的一部分。

身处一种快餐文化当中，我们很难教导孩子们去节制他们的饮食。实际上，对成年人来说也同样困难。有人说，一个酒鬼可以听见冰箱里的啤酒在对他说话。同样，有些人也能听见某些食物在和他们说话，在冰箱里、食品柜、餐桌的抽屉里、街上的商店里呼唤他们。有时，我们无法抗拒这种渴望。

在本书中，我们讨论的几乎所有事情成功的关键都是：你必须时刻牢记你的愿景：做最好的自己。你要吃的食物有助于你做更好的自己吗？

为什么需要这个愿景呢？它的重要性何在？因为你内心若没有更远大的目标，很容易留恋于肤浅的诱惑。如果你时刻提醒自己要保持健康和健美的身材，你就会对汉堡说“NO”，而选择吃一份蔬菜沙拉。如果你想要保持健康和健美的身材，增加身体的活力，你就会选择去锻炼身体，而非在电视机前一坐就是几个小时。

我不会给你列个清单，告诉你应该做什么，不应该做什么。只要你坚持你的愿景，一切问题都会迎刃而解。有的人的愿景是减重 10 磅。他们会一直坚持节食和均衡营养直至减肥成功。然后，又重蹈覆辙，回到了以前的老习惯上去了。所以我给你的愿景规划不是一周或一个月，甚至一年，而是一生。

不要节食。要保持良好的饮食习惯，聆听你身体的声音。你渴望某种东西是因为身体的需要吗？或者你渴望某种食物来作为感情的慰藉？那么去处理好引起这种感情的情境或情绪，你对食物的渴望就会随之消失。同样，也要注意什么时候你的肚子饱了。要清楚，吃饱时，一定要停下来。如果你给一只狗的面前放了一碗食物，它会吃多少呢？会吃个精光。同样，给人面前放一碗食物，他们会吃多少呢？也会全部吃光。很多人在吃饭时，甚至都不会想一想："我到底吃饱了没有？"

我们听过几百个这样的故事：很多人小时候父母通常用非洲的孩子都快要饿死了之类的话劝他们吃完所有的饭。这些故事从很多方面来看无疑都十分荒唐。但在此时此刻，至少在饮食方面，我们社会进步了，能开始教育孩子聆听自己身体的声音。

让我们再回到先前的观点上来，问自己几个正确的问题。当你吃了某类食物，会觉得昏昏沉沉想睡觉；而吃了某种食物，感到轻快，充满活力。你意识到吃了某种食物你的感觉了吗？和你的孩子谈谈这些并无害处。也许你们外出时，停下来买了汉堡、薯条和奶昔。等吃完后，你会感到又饱又困。告诉孩子你的感觉，问问孩子们的感觉。这个简单的问题会唤醒他们的思考意识，也许以后他们在吃东西前就会加以考虑。下一次外出就餐时，如果大家都点了汉堡，而你却点了一份别的健康的食物，孩子问起原因时，或许比较好的解释方法是：告诉他们你不喜欢汉堡吃完后胃里的感觉，或现在选择的这份食物会让你更加精力充沛，而不是说觉得油腻或正在减肥之类的话。

食物是身体的燃料，是最重要的能量之源。聚餐是把人们召集起来的一个好理由。然而饮食的主要功能不是享受，而是为身体提供需要的养料。食物是人们生存的基本需要，对人一生的发展、健康和能量起了决定性的作用。过度饮食引起了人们的重视。而另一个极端——节食，在我们的孩子中，尤其是青少年中也正成为一个日益严重的问题。

饮食是年轻人、尤其是年轻女性最关心的问题之一。饮食紊乱现象在全国的高中和大学生中蔓延。神经性厌食症、暴食症、强迫性进食及相关的感情和心理症状在今天的年轻人中很常见。不同的人，诱因不同。但有一点是确定的：当下，我们对身形的过分关注是引发这些疾病的罪魁祸首。这就引出了我们本章要讨论的第三个问题：体型。

当下，出现了一种由于体型问题引发的精神疾病，我确定它从未在人类历史上任何时代存在过。近些天，看到一篇报道中讲到在大学校园里正蔓延的一种特殊的癖好，不是对性、毒品、酒精或烟草的迷恋与沉溺，而是运动成瘾。一天锻炼 3 ~ 5 小时的学生越来越多。

对体型的迷恋让人们容易走向两个极端。因此在保健和健康领域，与现代生活的各个方面一样，我们发现很少有人能够在健康上取得中间的平衡。电视、电影、画册、橱窗模特及 T 型台上走着猫步的内衣模特是这种迷恋的起因，而且他们的体型似乎变得越来越骨感。当然，还有一些是极微妙的一些方式引起的，或是因有些人完全没有意识到他们对孩子或者兄弟姐妹产生了多么大的影响。我们一起看一下两个简单的例子。

最常见的例子就是一位父亲或哥哥痴痴地盯着一位曲线曼妙的女人说：“她的身材很火辣!”或者看着另外一个身材丰满的女人，用嘲讽地口吻说“真胖”或“这个肥婆”，这种事情每天都会有，数不胜数。但如果一个十几岁的女孩听到她的父亲（或哥哥）用这种方式来谈论女人，她会不由自主地来评估自己的体型。她的父亲或哥哥只根据外表来表达他们的厌恶或喜好，这不可能不对她产生影响。

当然，母亲和姐妹对于男人的评价同样会对孩子产生极大的影响。悲哀的是，很多女人也这样评价其他女人，她们不会说“她真性感”，而更关注对容貌的评价，而且常以一种一本正经的口吻说：“她有张漂亮的脸蛋，可惜太胖了。”如此等等。

在我们生活中频频出现的另一个场景是：一位父亲向女儿抱怨他的妻子（女儿的母亲）不注意保持体型。当一个父亲对十几岁的女儿说：“你妈妈这两个月又胖了好几斤……我真不知道怎么向她开口说……”女儿常常就会以此推想：原来父亲的爱并非是无条件的。此后，她一定会特别在意自己的体型。由于父亲的影响，她的内心已经固化了对这个问题的看法，以后在对待此类事情上，她在感情上很难再认同其他方式。父亲的不满是发泄了，但又是以何为代价的呢？

饮食、运动和体型在孩子们的生活中发挥着巨大的作用。我们当前的文化只关注肤浅和表面的东西，孩子们需要在父母的帮助下，对这些问题进行更深层的思考与讨论，将它列为我们生活愿景中不可分割的一部分。我们应该在“做最好的自己”这个更广阔的背景下和孩子探讨饮食、运动和体型的重要性。这样，我们关注的焦点就会回归到身体上的舒适，而非心理或感情上的感觉。

性文化

谈起孩子对性的看法，我们应从何开始呢？这无疑是一个棘手的问题。但谈及父母的性观念，就更为棘手。还记得 2002 年的一部电视剧《老友记》的一个场景，当得知瑞秋和罗斯一夜风流怀上孩子后，莫妮卡对瑞秋说："我真高兴你那天喝醉和他上了床。"这部电视剧当时牛气冲天，由 NBC 电台在黄金时段播出。此类电视剧对有些人来说只是生活的调味剂，但对一些人却产生了不同程度的困扰。问题的关键是我们正生活在一种以性为中心的文化当中，且受侵袭的年轻人呈低龄化趋势。越来越多的年轻人受到当代性文化的冲击，由此带来心理与生理的创伤，为他们的余生留下了阵痛。

下面是一组统计数据。在美国，14 岁的女孩中 50% 有过口交的经历。1/4 的青少年感染了性传播疾病。新增加的艾滋病感染者中，50% 是 25 岁以下的青年人群。但实际上，如果调查再仔细一点，现实情况会比这组数据更令人担忧。

最近，某个学校学生的家长收到一封学校来信，警告他们注意在初三学生中出现的"口交派对"新潮流。我最近和一个牧师朋友交谈，他说有很多 10～11 岁的青少年曾向他坦白参加过性交派对。稍作调查后，他才发现身边的这种现象早已经泛滥成灾。对此他忧心忡忡。当问起是如何发生时，他被告知男孩子们被一个个带进房间，每次都会有班里的一个女孩在等他。

你可能会问，他们的父母哪里去了？当然这个问题确实很重要。但在这并非我们亟待解决的问题。教育家和政治家提出了两个解决方案：发放安全套和贞洁教育。很明显，这两者都无济于事。

我们不再讨论几个青少年对性行为的探索及对自己和他人造成的危害。所有的父母都生活在幻觉中，认为自己的孩子并没有卷入其中。大多数不过是自欺欺人。现在八九岁的孩子已经开始在探索他们的性欲，这将在很多方面对他们的行为能力造成影响（无论是感情还是性行为方面），更别提一次性行为给他们造成的身体上的危险与心理上的伤害了。在这个领域，相对论这种哲学理论游移不定的立场充分暴露了它的弱点和谬误，使我们忽略了摆在眼前的事实。

但他们毕竟还是孩子，还很脆弱。一个 15 岁的男孩或女孩在某些方面看上去可能酷似成人，但我们知道，在生活中，他们的思想和行为很多方面仍然是个孩子。不同的人对性伦理有不同的看法。但无疑我们会一致认为：一个 12 岁或 10 岁的孩子在性行为方面还远不够成熟。道德上的相对主义导致了思想上的多元化，让我们游移了真、善、美及高贵的轨道，并渐行渐远。

最重要的是：和你的孩子谈谈性的话题。因为他们既迷茫，又害怕，想要并需要得到指导。他们周围的一切都充斥着有关性的信息：所听的音乐，所看的电视剧、电影，所读的杂志，同学之间的玩笑，等等。你会给孩子传递什么样的性信息呢？

一个科技泛滥的时代

在过去的 50 年间，社会以进步之名，已让我们承受了太多。技术的进步一直被认为是人们生活水平提高的标志。但是技术会增加我们孩子成为对社会有贡献的人的机会吗？在今天的年轻人生活中平常无奇的技术会帮助他们成为最好的自己吗？

上周我和一位父亲一起吃午饭，他告诉我：每隔半年，他会用谷歌搜索孩子的网络空间，观察他们在外面世界的生活。他是在另外一个父母的建议下这么做的，网上有关他孩子的信息多得让他吃惊，有他们参加体育活动的文章，有参加学校新项目的图片。上一次他还浏览了女儿朋友们的空间主页，这些孩子都还是高中生。孩子们网络空间里的内容让他感到不安，更令他担心的是孩子们的主页还链接着全国各个年龄段的人。网页里全是文字和图片，很多并不适合他们的年龄，而且相信很多内容大多数年轻人肯定也不想让父母看到。而且大部分孩子还没有理解目前这种看似无害的事情对将来的影响。10 年、20 年后，如果他们走上了从政的道路，网页上的这些内容就会开始在各杂志报纸上的绯闻专栏漫天飞舞。它们会随时给你的孩子难堪，尤其在他们人生中某些重要的时刻，甚至会更糟。我在高中时代，如果我们发现一位老师的一本旧年鉴，学生们将会利用它进入这位老师的网络空间。

而我们的孩子不清楚这些，不清楚他们现在行为的后果，他们需要父母来指导他们，保护他们。

当然，网络所呈现给父母的这些问题只是蜻蜓点水。你家的电脑放在什么位置？是在空余的房间？在孩子们的卧室？无论放在哪儿，只要一触摸键盘，你的孩子就接触到了世界上一切最美好的东西及一切最糟糕的东西。

网络会帮助你的孩子成为最好的自己吗？

进一步来讲，无论你将来怎么控制他们使用电脑的时间，都无关紧要。因为，他们现在可以通过手机接入网络。在儿童和青少年中，手机文化的意义非同寻常。我们给孩子买了手机，却没有想过交到他们手中的到底是个什么。我听到一个7岁的孩子要求父亲送他部手机作为圣诞礼物，当时，我就在场。他并非在开玩笑。令我惊讶的是他的父母似乎并没有觉得很意外。当时他的母亲对他说："宝贝，今年不行，明年给你买。"开始我以为也许只是她在安慰孩子，但我也不能确定。后来问了她，她的回答是："他需要学习如何使用科技产品，我认为越早越好，这是未来的趋势。"

最新的一项调查表明：有手机的孩子性冲动的次数是没有手机孩子的6倍。你也会想这简直风马牛不相及，手机和性又有什么关系。进行这项调查的研究人员发现：90%以上的时间，父母不知道他们的孩子在和谁通电话。手机能把他们带到世界上任何地方，成为孩子联系世界的纽带——美好的、糟糕的、丑陋的。

我们甚至还没有开始讨论该如何更好地利用他们在用手机打电话和发信息上所用的时间。

那么，我们能做些什么呢？很多父母问过我这个问题，但我每次的建议都是相同的。我总是先会问他们为什么觉得孩子们拥有手机十分重要。对这个问题的回答通常有两种：方便和安全。但真相首先是因为他们想要，而想的原因是他们的朋友们都有。方便和安全只是父母为之辩解的理由。我建议父母准备一两部手机，当孩子确实出于方便和安全的原因需要使用手机，可以拿走使用，若不用时再还回来（但一定要记住这一两部手机是家庭手机，而非他们个人的）。尽管这个方法比较难实行，但却是一个非常简单有效的解决方案。问题是，你选择现在付出努力，还是以后付出代价？如果现在我们花些时间密切关注孩子的自我和生活，帮助他们健康、自由地成长，以后就会享受到他们成才的喜悦。否则，以后又要回过头来帮助他们寻找和纠正童年和青少年时代的错误。

此时，我确信很多父母认为我所讲的脱离了现实，认为我应该回到现实的世界中来。或者会觉得这些话语没有道理。但我这才刚刚开始，此时，我不得不提一下视频游戏。

你有没有在任何一款视频游戏中看到其中的一种行为是你想让孩子效仿的？我认为没有。你在想什么呢？难道你真的认为近 20 年来暴力犯罪增多与暴力游戏节目的流行无关么？这种思想和一个烟草利益集团的说客声称吸烟不会引起癌症一样荒唐。也许我们手头现在没有一本育儿指南，但假如有，我确定它也不会在第一页讲到成为伟大父母的第一步是检查帽子和大衣需要放在门口的常识。当然我承认孩子学习如何玩游戏或者擅长游戏有对他们好的一面，但我认为因这个习惯轻易沾染的恶习远远超过了它带来的好处。

将所有的事情联系在一起，你就会慢慢清楚哪些是你孩子成长路上的障碍。

当然，电视的作用也不得不谈。调查表明，5 ~ 16 岁的孩子每周平均花在看电视上的时间为 15 个小时。他们看到的那些节目不会帮助他们充分地实现自我，赞美最好的自我。相反大部分的电视节目都支持当代这些没有愿景的文化。在广告和消费的驱使下，很多节目明目张胆地漠视真理与谬误，美德与恶性；大部分的节目都在寻求人的最低的共同点。而且，这种共同点年复一年变得越来越低也就不足为奇了。一些人可能会说，我的话有点耸人听闻。有时，娱乐只是娱乐而已。我同意这个观点。任何事情都没有必要刻意为之。那么要求生产一些让我们身心愉悦的或帮助实现自我价值的娱乐产品，不合理吗？当然不。认真想一想，你最近一次从电视机前起身，在心里对自己说“看了那部电视，的确对我的提升很大，让我变得更好”是什么时候？也许偶尔会这样，但不会经常发生。

我们需要以一种严肃的态度帮助我们的孩子追求生活的愿景，而不是允许他们受到文化的虐待和消费。

想想那些每天出现在电视上的人。你会让这些人带着你的孩子外出一天么？你会让这些人照顾你的孩子么？你会邀请他们到你的家中来做客么？你愿意让他们在你的儿子或女儿的房间待上一会儿么？你愿意。因为他们就在你的家中，是你生活的一部分。他们与你孩子一起度过的时间也许比你还要多。

最后，让我们思考一下音乐对孩子成长的影响。音乐是最强有力的媒介之一，也许是最强有力的传递信息的工具。音乐是每一代青少年生活方式的一部分。但从来没有一代人像现在这样与它接触频繁。你有没有一整天不停地一遍又一遍地哼唱一支歌？有时，你甚至不喜欢这首歌，但你还是阻止不了自己，不能将它从你的脑海中忘掉。你尝试过，但你的抵抗是徒劳的。这支歌隐藏在你的潜意识中，从此会时不时地蹦出来消费你。它会以一种你无法理解、无法控制的方式出现。音乐具有无法衡量、无法理解的强大力量。音乐传递的信息有意或无意地影响着我们的生活。那么今天青少年听的音乐在传递什么样的信息？当代音乐中轻松一点的，多是表现非常自私的爱情观，大都局限于肤浅的肉体吸引与性的探索。沉重一点的，多是关于杀害警察、挑逗妇女、有关性和毒品的赤裸裸的描述，不择手段去满足你的欲望。还有皮条客与妓女，下流的粗话等相关的话题。这是你想传递给孩子的信息吗？你会带他们去听一堂关于如何实施性与暴力犯罪的讲座吗？你会为孩子读一本有关皮条客和毒品贩子怎样在街头拉客和交易的书吗？

养育子女绝非易事。爱玛·白科曾经写道："懦弱的人承担不了养儿育女的重任。"养育子女需要对愿景付出真正的努力和坚持。那么我想问你："如果你的孩子三个月不看电视、电影、不用手机，也不玩视频游戏……他们是不是更接近于更好的自我？你们的关系是不是更和谐？你们之间的交流会不会更像一家人，更亲密？"

上述问题的答案一目了然，只是我们不喜欢这些答案。你身处文化战争之中。你愿意牺牲什么来赢得这场战争？你愿意冒什么样的风险？孩子的生活道路不止一条。你愿意去赞美并保卫你们的愿景吗？你愿意做一个严厉公正的父母为孩子付出真正的爱，帮助他们创造一个充满智慧与机会的将来吗？这些都是十分严峻的问题，而且是很久以来我们一直在逃避的问题。

培养孩子的服务精神

育儿和管理有很多相通之处。在企业中，优秀的管理者会不断寻求创新与实践，以保持企业处于行业领先水平。在任何领域的领导者身上，我们都可以看到不断学习、勇于进取的热情与渴望，养育子女同样如此。

高效的父母会在子女的成长过程中一直寻求育儿新方法。年轻人生活中通常不会有成人世界的困扰、复杂和责任，这容易让他们忽略对学习与成长的需要，从而导致自满情绪，严重阻碍了他们充分地参与社会生活及以后的感情生活。为了避免这种情况发生，父母需要不断关注和学习一些管理的新知识。

几千年来，行动管理法在管理法则中大行其道。管理者说："去做这件事！"员工就去做。现代管理者认识到了这种方法效率低下，并分析出原因所在，于是结果管理法应运而生。在这种模式下，管理者只需向员工说明想要的结果，员工可以在符合公司价值观和规定的范围内，利用一切技术和资源来完成设定的目标。

在某种程度上，父母扮演着孩子管理者的角色。你的管理方式如何？是以行动管理吗？命令孩子去做这、做那么？或你采用了结果管理法？向孩子们说明你的愿景，允许他们动用一切技术和资源去实现？当然，在结果管理法中，你也是他们的资源之一。如果他们在生活中遇到困境、不知所措时，他们会请求你的帮助。优秀管理者一定会讲清楚："如果你需要我的帮助，我随叫随到，但我不想成为你的阻碍。"

这两种管理方式有很多的区别。而最大的不同在于：在行动管理法下，如果管理人不在场，工人们就可以无所事事。因为他们没有被赋予任何权力，在管理者不在场时，他们缺乏行动的勇气和独立性。工人的一切行动都依赖于管理者。而结果管理法的优势在于，无论管理者在场与否，工人都会积极投入工作，只有在碰到超过现有的知识和能力的问题时才会需要管理者的帮助或培训。

行动管理法下，员工的一切行动都依赖于管理者，结果管理法给了员工独立思考和行动的空间，鼓励他们灵活掌握形势，随机应变。平庸的管理者强化自己必不可少的作用，让员工依赖于他们。伟大的管理者则弱化自己的作用，培养员工的独立性。作为父母，你的工作就是不断弱化自己的作用。

如果你采用行动管理法，早晚有一天你的孩子会面临需要独立作决定的时刻，这时他们就会栽跟头，因为你从来没有对他们进行过相关能力的培养。

作为父母，在养儿育女的过程中，你的任务不只要在特定的场合做特定的事情；不只要以身作则为孩子作示范；不只要对孩子的行为做出判断；也不能只简单地说你能或不能做到某些事；而是要培养孩子自觉选择或决定的能力。这是一项艰巨复杂的任务，同时也是养育子女的核心所在。我们需要教育孩子掌握一定的技巧，同时，还需要培养他们的性格和价值观来指导这些技巧。

而要培养孩子们的技巧、价值观及性格，没有什么方法比培养和鼓励他们的服务精神更有效了。我们并非为自己而生，也并非为自己一人而活。此时此地，我们为了彼此共同的成长而相互体验、交流；为了发现和赞美独一无二的自己。然而，发现和赞美真我的最佳方法就是用我的生命服务于有价值的事业，服务于他人。

服务精神唤醒了我们内心的自我感，然而，所有的内省和自我发展都做不到这一点。没有任何东西能像服务这种简单的行为一样，唤醒人们的道德感、伦理感和心灵。

还清楚地记得小的时候，父亲晚上下班回家，问我的母亲“有什么需要我帮忙的吗？”那时母亲正在准备晚饭，或在帮我们做家庭作业。通常情况下，她都会说不要，偶尔会让父亲去帮着做点小事，让事情进展顺利点儿。什么原因让我对此记忆犹新呢？也许是因为经常发生的缘故。每天都会如此？并非这样。但因为经常发生，我学会了如何去做。我开始每天放学回家后问母亲："有需要我帮忙的吗?"偶尔父亲还会加强对我们这方面的教育："去问问你妈有需要我们帮忙的事儿吗?"这培养了我的第六感，今天无论我去哪儿，当身边的人们需要帮助时，这种感觉都会提醒我。我总会去帮助他们吗?不是，但我可以意识到他们需要帮助。这种感觉已经变成我的一部分。

服务精神是我的父母给予我的最好的礼物之一。这种精神不是以命令或指挥的形式来传承的，而是需要身体力行，在他人需要帮助时能及时帮助他们。通常情况下，只是一个小小的善行，或礼貌性的问候，然而这两者在我们的文化中越来越罕见了。

与很多父母一起聊天，如果你问他们："你想让你的孩子长大后成为一个以自我为中心的人吗?"大多数父母都会选择说"NO"，但是仅仅知道这点是不够的，关键要清楚你所希望获得的结果。因此，进一步讲，如果我们不想要一个以自我为中心的孩子，那么我们想要的是什么样的孩子?以自我为中心的反方向是：以他人为中心，为他人着想。

以他人为中心的生活方式无疑与当下以自我为中心的主流文化相冲突。如果采取以他人为中心的生活方式，我们会质疑自己选择的正确性吗?它会给我们带来幸福吗?事实胜于雄辩。我所认识的那些生活幸福的人们都是将他们的生命致力于为他人服务的人。无论是作为父母、老师、公务员、部长、军人、护士。我人生中最幸福的时光也是在尽自己的绵薄之力全心全意帮助他人的时候。服务是人类精神的活力之源，服务中闪耀着人性的光辉。它不断激励我们去有所作为，它能肯定人的尊严，升华人的精神。我认识的最幸福的人们是那些不断为社会、为他人付出的人们。

今天，那些正和年轻人共事的人们面临的一个最大的问题是：较低的自尊感。作为父母，我们可以从很多方面来鼓励孩子们的自尊心。在孩子做了正确的决定或好事时，要表扬他们。

遗憾的是：当下，我们的赞美都是集中于人们的外表和所拥有的东西。自尊 —— 一种健康的自我感——并非源于我们的外表或拥有的东西，而是源于我们与生俱来的奉献和创造的才能。如果今天的年轻人身上存在自尊的问题，恰恰是因为我们没有培养出他们内心的服务精神。

我们该从何做起呢？方法有成千上万种。根本无需去教，大多数父母都知道。我父亲示范过的那个简单方法就再普通不过了，可以立刻付诸实施。除了日常的生活外，可以去流浪者之家或施粥处做志愿者，帮着生病的、或上了年纪的邻居修剪草坪，去养老院做义工，积极参与教堂事务或当地政治事务，等等。这些都会有助于培养我们孩子的服务精神。这些对孩子的道德、伦理及精神的成长意义十分重大。无论施粥处的环境多么令人不舒服，但在那儿做两个小时的义工对孩子成长的意义胜过所玩的一切电脑游戏和观看的 MTV。

越早激发孩子们的奉献精神，他们的生活体验将会越丰富。

几个月前，我在结束了一场有数百名金融界的领导参加的演讲，走下讲台时，公司的总裁把我拉到一边，说：“谢谢，你的演讲给我们今天的活动做出了贡献。”他的话触动了我。每天人们都因我精彩的演讲而赞美我，但他的评价却十分特别，因为这句话切中我们现在讨论的话题。生活即贡献。贡献或死亡是宇宙的法则。在商业领域中，如果我们停止贡献，用不了多久，会出现什么结果，大家都明白。而在社会生活中，我们不做贡献，甚至损人利己，也可轻松随波逐流。我们如何为社会做贡献？如何教导我们的孩子为社会做贡献？不仅仅只是为自己或为了银行的存款，而是为我们的家庭、社区、教堂、国家及至整个人类。

培养我们孩子身上的服务精神，你将会发现，即使你已不在他们身边，在他们以后的生活中，这种精神将会鞭策他们去发现自我，贡献社会，使他们过一种充满了爱和欢声笑语的幸福的生活。是否两个具有服务精神的人更容易拥有美满的婚姻？两个具有服务精神的邻居更容易建立融洽的关系？两个具有服务精神的国家更容易让世界变得美好？

家庭祈祷

除了餐前或星期日的教堂祈祷外，我的家人从未一起祈祷过。但我这儿谈的却不是这两种中的任何一个，而是指一个家庭特定的祈祷时间，它曾在一种古老的文化中占有一席之地，但现在似乎已经离我们远去了。或许这些传统的仪式和实践，仍有值得我们学习和借鉴的地方。

人类具有灵的层面，或者称之为“自我”。大部分人都会承认这一点。事实上，92%以上的美国人，98%以上的世界人都会承认上帝或人的灵性层面的存在。我们对上帝的理解及由此产生的信仰可能多种多样。但绝大多数人都会认同上帝或人类灵的层面的存在。

在我们当下的文化中，仍然对一些问题存在争论，这些问题到底应不应该影响公众生活仍然从各方面给人们带来了极大的困扰。比如：学校是否应该举行祈祷仪式，宗教在政治中应该起什么样的作用，等等。然而，这些争论对我们的生活方式和个人行为似乎无足轻重。

作为父母，你可能不会对国家或地区公共政策产生多大的影响，你对家庭和孩子产生的影响却是举足轻重的。如果你想真正地帮助孩子自由健康地成长，那么请你思考一下这个问题："帮助孩子提升精神自我、充实心灵对他们的成长有益还是有害呢?"

也许，也有人会说这对孩子会产生不良影响，我认为这是他们染上了世俗对灵性与宗教的偏见，而不是他们自己真正的体验。

家庭祈祷在任何家庭文化中都十分重要。每个家庭祈祷的形式内容各有不同，没有一个固定的模式可供参考。但我相信只要我们敞开心扉，我们的灵性将会为我们指出方向，一如它引导万物那样。

我见过很多家庭里有祈祷仪式，也有很多家庭却根本没有。大多数情况下，前者的家庭成员之间的关系比后者会更和谐。当然，也有例外情况。

有时，家庭祈祷没有作用，是因为祈祷内容或形式的问题，但大多数情况下，是因为有些父母使用专制的方式，或用它来控制或操纵孩子。记住，对美德的滥用并不会损坏美德的本身。我们要继续前行。

有的父母决定让祈祷成为他们家庭文化中的一部分，有的却不想。这取决于孩子的年龄，如果孩子的年龄都在 10 岁以下，你可以很容易地将它应用到你的家庭文化中。孩子的年龄越小越容易。如果孩子的年龄在 12 岁到 18 岁之间，成功的机会就会大大减少，一般情况下取决于孩子们看待它们的方式。

如果你决定将祈祷变成家庭文化的一部分，那么你最关心的就是以何种形式及如何实践的问题了。方法有成百上千种。在本书中，我有一种方法希望和你分享。我想无论你将采用何种形式，它都会让您得到重要的启发。我之所以要选择这个方法，是因为它是一种最简单易行的方法，我从中受益匪浅。

具体是这样做的：家人一周聚集祈祷一次，每次约二三十分钟，或许可以选择周二或周三晚上，哪一天并不重要，重要的是保证要在同一天同一时间，将它纳入家庭计划。

我第一次亲眼目睹的家庭祈祷是一位父亲正在为家人诵读圣经中的一段文字。这段文字他们要在礼拜天去教堂时读的，这是有意安排的。他读完后，每个家庭成员要对其中触动他们的某句话、某个短语或观点进行简单评论。然后同样的文字，他们的母亲会再为大家读一遍，其中一个孩子会为大家读一次，共三次，每次祈祷完后，每个人都要谈谈感悟。“孩子们的感悟有时相同，有时不同。”这位父亲说道。

看到或听到一个几岁的孩子或十几岁少年公开与人分享他们内心涌动的神灵，是一件多么令人惊奇的事情啊！

在第三轮分享完毕后，父亲会问孩子们是否有人愿意说说本周家庭的祈祷目标。一个孩子要求为他生病的老师祈祷；另一个孩子要求为朋友祈祷，因为他家的猫走丢了；母亲说为她好朋友刚刚去世的母亲祈祷；另一个孩子要求为他即将到来的考试祈祷；另外一个要求为他足球比赛胜利祈祷。每个人都说完后，母亲带领大家进行短暂自由的祈祷，然后整个仪式结束。

“祈祷的意义何在呢?”那天晚上晚些时候，我问了这对父母。

“在很多方面都十分重要。”妻子回答道，“它让我们走出了自己的世界，了解到他人的生活。还让孩子们知道，即使听同一篇文章，六个人会有六种不同的见解。还教会他们倾听心灵深处上帝的声音，提升精神世界。让孩子们了解安静与沉思对生活的意义，它的意义数不胜数。在我们所做的一切事情中，也许最重要的就是帮助孩子们成长为一个对社会有贡献的人。”

我被深深地折服了。同时，如果它还没有成为你家庭文化的一部分，我清楚，它实行起来有多么难。也许征得爱人的同意和参与就已经十分困难了，更别提孩子们了。如果孩子们年龄很小，就容易多了。你们夫妇现在就开始家庭祈祷吧，等孩子们稍大一点，再邀请他们加入进来。最重要的是要定期进行，内容可以多样化。所需要的就是自问一些重要的问题：这周我们祈祷的内容应该是什么？也许你刚刚学会说话的孩子的回答也会让你感到惊奇。与成人相比，孩子们与灵性世界更加接近。这周上帝给了你什么样的启示？也许他们的回答会完全征服你。家庭祈祷所需要做的是就一个大家（尤其是父母们）谈论的简单问题做非常简短的祈祷。

我们也许不认可宗教在国家的公众生活中所起的作用，也许我们也很难说哪一种宗教信仰会更好。但下面几点是确定无疑的：孩子们需要比时代流行偶像更好的学习榜样和领导。帮助孩子培养精神世界会让他们受用终生。也许我们祈祷的形式和内容有所不同，但从本质上来说，我认为我们都会同意“一个有机会培养精神自我的人将会过着一种有意识的生活，这种意识可被用于实际生活的各个方面”。

成功养育子女是一项全职工作，即使你一生只需做这一件事，若要做到最好，你会发现时间也远远不够。育儿与生活中的大多数事情一样，需要对有限的资源做到最佳配置。你需倾己所有，尽己所能。天下没有完美无缺的父母，但一些父母却会比另一些做得更好。最称职的是那些不断致力于自我提升的父母。他们不会只阅读一本相关的书，将它奉为育儿圣经。他们博览群书广泛涉猎各种知识，育儿、历史、商业、人际关系等，并且注重与朋友交流，无论是工作中、学校里或教堂里。他们听音像教程，参加业余或专业的讲座。他们吃饭、看电影、听音乐、锻炼身体，与爱人共享甜蜜时光，一如既往地生活。但在一天将要接近尾声时，他们驻足反思：“我从今天的经历中都学到了哪些知识，能帮助我成为一位更称职的父母？”

第五章

家庭影响着社会的未来

过去，政治家们常号召自己的人民为建设一个美好的社会而奋斗。富兰克林· 德拉诺·罗斯福、亚伯拉罕·林肯、温斯顿·丘吉尔都为人民描绘了他们对美好社会的愿景，及他们领导自己的国家和人民来实现这些伟大愿景的规划。虽然他们三人生活的时代不同，但却有一个共同点即不断鼓励人们迈向更远大的目标。

今天，我们谈论更多的是如何维护现有的美好社会。当然，前提是我们现在已经生活在一个美好的社会中。但我认为我们仍需质疑这个前提的真实性。如果是真的，我们将停止质疑。否则，我们最好弄清楚真相，无论它有多么残酷。因为只有这样，我们才能清醒地认识到自己面临的任务所在。

无疑，在过去的数百年间，我们的社会在科学、技术及金融领域取得了惊人的进步和成就。然而，如果我们考虑到孩子们每天在学校、在社会上、甚至很多情况下在家里所面临的一切，我想大家都会对现在所处的社会产生诸多疑虑。如果这是一个真正的美好的社会，我们的孩子每天就不会遇到现在的情境和困扰了。

现在的危险在于：我们生活在一种假设的前提中，却没有人站出来呼吁将它变为真正的、美好的现实。直至有一天，有人站出来说：“我们的麻烦大了！”这个时代的思想家才将开始探索并寻求问题的解决之道。

朋友和敌人

在第一章，我们探讨了当下人人身处文化战争之中，而我们的孩子就是战争的目标。在准备写作本书的过程中，我和很多人分享了我的这个观点，观察他们的反应。通常情况下，他们会用一种奇怪的眼神看着我，或者转过脸去，望着别处，不知该说些什么。但可以感觉到他们认为我的思想有点太过极端，我敢打赌他们一定这样想的。但当我开始和他们谈论起他们对孩子的期望，以及孩子们在社会上所面临的问题时，渐渐地，从他们的眼中看出他们似乎有所理解了。

只要你拿起本书，能读到此处，就说明你正致力于以下全部或部分目标：

经营美好的家庭；
培养出色的孩子；
拥有美满的婚姻；
做最好的自己。

本书中讲到的有些现实也许会让很多父母感到惊讶，但它们正从方方面面伤害着我们的孩子，干扰着我们的判断力，对父母来说也可能已熟视无睹。但有一点十分清楚：如果我们真正想实现上述目标，在努力的过程中，身边就会分化为朋友和敌人两个阵营。事实上，如果你在养育子女的过程中发现自己已被朋友和敌人包围，那么你已经卷入了这场战争。关键的问题是：谁是你的朋友？谁又是你的敌人？

以下五点对你赢得战争至关重要，我们在前面的章节中已探讨过。

(1) 认识到自己已卷入战争。

(2) 你斗争的目标是什么？你在捍卫什么？在保卫谁？赢得战争的意义何在？如果输了，会面临什么样的危险？

(3) 你的盟友是谁？

(4) 你的敌人是谁？或是什么？

(5) 你用什么样的武器和策略才能战胜敌人？

我在本书中已经详细阐述了以上五点。我希望你清楚：你已卷入战争，你正在为捍卫你的家庭、孩子、婚姻以及为做最好的自己而战；你的盟友是个性和美德，以及赞同这个观点的一切人和事。你的敌人是：自满、冷漠、无知、及任何形式的现代技术（尽管有时并不能一概而论）、娱乐、媒体及面临的现实情况。用来战胜敌人的武器多种多样，我在本书中已经用大量的篇幅讲过，这儿就不一一赘述。

身为父母，你只有认识到自己已卷入战争，才能改变你的生活、行为及谈话的方式。意识不到这点，你就会误将敌人当做朋友而酿成大错。在《孙子兵法》中，探讨了“知己知彼”的重要性。这一智慧已经被广泛地应用于商业决策以及专业体育竞技领域。每天，教练都会研究即将面临的竞争对手的类型，试图去了解在某些情况下对手会做出的反应。我想我们早应该将此智慧应用到养育子女中来。

身为父母，如果你的目标是培养一个出色的孩子，让他们进入社会后，能做最好的自己，在实现目标的过程中，你要考虑谁是你的敌人。还要考虑谁是你的朋友和盟友。你会遗憾地发现你的敌人及诽谤者远比朋友要多。这点已足以令人深思了。

“简单”也是你最重要的一个盟友。养育孩子的过程既艰难、复杂，又十分简单。从简单层面来看：你只需要和孩子们在一起，聆听孩子的心声，让孩子知道你爱着他们。从现代生活的复杂的层面上来讲，我们需要大量的时间来工作，要考虑家庭的财政状况，还要承受诸多事情给自身和人际关系带来的压力。这一切使在当今社会中养儿育女比历史上任何一个时代都更难。

如果你阅读每个时代的伟人的著作，或研究他们的生活和工作，你会发现一个共同点：这些伟人都坚信，真、善、美、天才、权力无不蕴藏于简单之中。达·芬奇、米开朗基罗、伽利略、爱迪生、爱因斯坦……无不赞赏简单之美。他们都相信在缤纷复杂的万象的后面，往往蕴藏着一个最简单的答案，这正是他们要寻找的。这种智慧被今天很多商业领袖不断地应用到他们的商业实践中去。我们会发现任何领域的佼佼者都是那些具有非凡的化繁为简能力的人。

你作为父母能成功与否，取决于你是否能找到一个“简单”的榜样，将它应用于你自己的生活和家庭生活中去。这样，不但让你的孩子体验到了由简单中流淌出的平和与幸福，还为他们描绘出了一幅幅生活的蓝图。

如果你拿起这本书，是希望我能告诉你身为父母应做的十件事，到此，你一定是大失所望。但我不会因此向你道歉，而是要鼓励你将你自己认为的父母应做的事情列出来。我已在本书中讲了几十个观点。你从中选出三到四个，写下来。然后全力以赴，将他们应用到你的生活和家庭文化中。当它们固化为你的生活习惯后，拿起本书，再温习一下，再选出三到四个来继续努力。

我们讨论这个课题时，有一点已十分明确：作为父母，在养育孩子的过程中，你需要盟友。孩子们不但需要父母的爱、时间和精力，还需要精神的导师、教练、兄弟姐妹和朋友来鞭策他们，鼓励他们去追寻最好的自己，还需要允许他们成长、寻找自我、实现自我的环境。这些都会为孩子的成长提供有益的帮助。

刚开始，你可能会发现在你教养子女、创造充满活力的环境的路上朋友和盟友并不多。但这可能是因为你没有去寻找它们。现在，你认识到了他们的作用，需要他们的帮助。他们将会开始出现在你的生活中，你要把他们当做你的战略伙伴和盟友。

展望未来

家庭影响着社会的未来。在这个世界上，我们每个人都会受到所出生的家庭的影响，或好或坏。虽然我们尚不十分清楚它以一种什么样的方式影响我们，但却无人能够避免它的影响。一出生就遭到母亲遗弃的孩子常常用一生时间想弄清楚这件事对他们一生的影响。被人领养的孩子也是如此。出生在幸福家庭的孩子们，因父母过度忙于工作，疏于对他们的关心，也经常去看心理专家。我们身边这样的故事和例子数不胜数。无疑，家庭对我们生活的影响是巨大的。

家庭环境对我们的影响远超过某个人或某些人的影响。早晚有一天，我们的社会要反思和自问："家庭文化对我们社会及国家的未来有什么影响？"

以一个我们时代最普通的、人所皆知的统计数据为例：大约一半的婚姻以离异或分居收场。当代文化的这一现象会对我们的社会、国家产生什么样的影响？带来怎样的后果？无疑，这种影响和后果大得难以估量，以至于我们无法在此做详细探讨。但我想街上每个普通行人都能够看出来这种文化现象对我们个人、家庭、社会和国家都是有害无益的。

家庭既是一种深刻的个人体验，也是一种影响我们一生的，甚至影响到整个历史的公众体验。养儿育女需要个人付出巨大的努力，但它也将爱与恨、善与恶、自私与慷慨传递给了历史。

透过家庭的镜子，就能清楚地看见我们的社会和国家的将来，我想，我们每个人都愿意不断改进这个愿景。

如果我们真正希望建设一个美好的社会，却不愿去重塑家庭的尊严和团结，你认为这个目标可能实现吗？如果你抱有这样不切实际的幻想，我们孩子及后代的前景将会令人担忧。

但是我心怀希望，我坚信将有一天时代的潮流终会逆转。我每天都会遇到那些为之努力的人们，他们正在致力于创造一个能让孩子们自由健康成长、不受专制主义压迫的社会。这样，我们的孩子就不用被迫过早地去承受与他们年龄不符的压力和困扰。

家庭是一切美好社会的基石。任何希望创造美好未来的人们都应该从家庭做起，付出努力。无论我们过去的家庭观如何，现在，是我们时代的伟人开始思考家庭生活伟大复兴的时候了；是树立我们家庭愿景的时候了。建设一个美好的家庭，人人都称颂它的真、善、美。

家庭既是一种深刻的个人体验，也是一种非常重要的历史体验。家庭影响着世界的未来。

后序

在我们悉尼的家中餐厅的墙上挂着两份文档。从我记事起，它们就一直在那儿，在过去的近 30 年间，我不止一次去思考它们的含义。现在，我想和你们分享。第一份文档讲了身为父母的责任，读起来简单，做起来难。第二份讲了我们作为人类的责任，读起来和做起来一样难。

《孩子从生活中学到什么》

作者：多萝西中

如果孩子生活在批评中，他们将学会指责。

如果孩子生活在敌意中，他们将学会争斗。

如果孩子生活在恐惧中，他们将学会担忧。

如果孩子生活在遗憾中，他们将学会自怜。

如果孩子生活在嘲笑中，他们将学会畏缩。

如果孩子生活在猜忌中，他们将学会嫉妒。

如果孩子生活在羞辱中，他们将学会自责。

如果孩子生活在鼓励中，他们将学会自信。
如果孩子生活在宽容中，他们将学会耐心。
如果孩子生活在赞美中，他们将学会感激。
如果孩子生活在认同中，他们将学会去爱。
如果孩子生活在肯定中，他们将学会自爱。
如果孩子生活在认可中，他们将拥有目标。
如果孩子生活在分享中，他们将学会慷慨。
如果孩子生活在诚实中，他们将学会正直。
如果孩子生活在公平中，他们将学会正义。
如果孩子生活在友爱和体贴中，他们将学会尊重。
如果孩子生活在安全中，他们将学会信赖自己和他人。
如果孩子生活在友善中，他们将知道世界是居住的乐土。

《联合国儿童权利宣言》

序言

鉴于联合国人民曾在宪章中重申其对基本人权和人格尊严与价值的信念，并决心在更大的自由中促进社会进步和改善生活水准；鉴于联合国曾在世界人权宣言中宣布，人人均得享有宣言中所说明的一切权利和自由，不因诸如种族、肤色、性别、语言、宗教、政见或其他意见、国籍或社会成分、财产、出身或其他身份而有任何差别；鉴于儿童因身心尚未成熟，在其出生以前和以后均需要特殊的保护和照料，包括法律上的适当保护；鉴于此种特殊保护已在1924年日内瓦儿童权利宣言中予以说明，并在世界人权宣言和许多有关儿童福利的专门机构与国际组织的规章中得到确认；鉴于人类有责任给儿童以必须给予的最好待遇，以此，大会发布这一儿童权利宣言，以期儿童能有幸福的童年，为其自身的和社会的利益而得享有宣言中所说明的各项权利和自由，并号召所有父母和一切男女个人以及各自愿组织、地方当局和各国政府确认这些权利，根据下列原则逐步采取立法和其他措施，力求这些权利得以实行：

原则一 儿童应享有本宣言中所列举的一切权利。一切儿童毫无任何例外均得享有这些权利，不因其本人的或家族的种族、肤色、性别、语言、宗教、政见或其他意见、国籍或社会成分、财产、出身或其他身份而受到差别对待或歧视。（无歧视原则）

原则二 儿童应受到特别保护，并应通过法律和其他方法而获得各种机会与便利，使其能在健康而正常的状态和自由与尊严的条件下，得到身体、心智、道德、精神和社会等方面的发展。在为此目的而制定法律时，应以儿童的最大利益为首要考虑。（儿童最大利益原则）

原则三 儿童应有权自其出生之日起即获得姓名和国籍。

原则四 儿童应享受社会安全的各种利益，应有能健康地成长和发展的权利。为此，对儿童及其母亲应给予特别的照料和保护，包括产前和产后的适当照料。儿童应有权得到足够的营养、住宅、娱乐和医疗服务。

原则五 身心或所处社会地位不正常的儿童，应根据其特殊情况的需要给予特别的治疗、教育和照料。

原则六 儿童为了全面而协调地发展其个性，需要得到慈爱和了解，应当尽可能地在其父母的照料和负责下，无论如何要在慈爱和精神上与物质上有保障的气氛下成长。尚在幼年的儿童除非情况特殊，不应与其母亲分离。社会和公众事务当局应有责任对无家可归和难以维生的儿童给予特殊照顾。采取国家支付或其他援助的办法使家庭人口众多的儿童得以维持生活乃是恰当的。

原则七 儿童有受教育之权，其所受之教育至少在初级阶段应是免费的和义务性的。儿童所受的教育应能增进其一般文化知识，并使其能在机会平等的基础上发展其各种才能、个人判断力和道德的与社会的责任感，而成为有用的社会一分子。

儿童的最大利益应成为对儿童的教育和指导负有责任的人的指导原则；儿童的父母首先负有责任。

儿童应有游戏和娱乐的充分机会，应使游戏和娱乐达到与教育相同的目的；社会和公众事务当局应尽力设法使儿童得享此种权利。

原则八 儿童在一切情况下均应属于首先受到保护和救济之列。

原则九 儿童应被保护不受一切形式的忽视、虐待和剥削。儿童不应成为任何形式的买卖对象。儿童在达到最低限度的适当年龄以前不应受雇用。绝对不应致使或允许儿童从事可能损害其健康或教育、或者妨碍其身体、心智或品德的发展的工作。

原则十 儿童应受到保护使其不致沾染可能养成种族、宗教和任何其他方面歧视态度的习惯。应以谅解、宽容、各国人民友好、和平以及四海之内皆兄弟的精神教育儿童，并应使他们充分意识到他们的精力和才能应该奉献于为人类服务。

［联合国大会于一九五九年十一月二十日通过第1386号（XIV）决议］

我曾经问我的父亲，为什么将这个宣言挂在我们家的墙上。他告诉我：这个宣言首先是为他而挂，而非为我们兄弟。父亲解释道："这个宣言一直提醒着他作为父母的基本权利和责任。"那次，我们交谈了很长时间，他的话至今言犹在耳：

"我和你的妈妈想让你们知道，我们希望你们能生活在我们想要你们成长的环境中，我们需要时时的提醒，因为有时我们也会忽略你们成长中最重要的东西。"

"我想让你和你的兄弟们知道：你们有权利得到尊敬和尊严待遇，这并非因为你们是我的孩子，也不是因为取得了某种成绩或获得了荣誉，而仅仅因为这是你们做人的基本的权利。"

"我和你的母亲想让你们早早明白：在生活中，权利从来不是儿戏，永远不要轻视它。"

"无论是在世界的其他地方或遇见陌生人的时候，无论是在学校还是异国他乡，记住：你们有权利受到公平、体面的待遇，同样，别人也有这个权利 。"

"马修，即使联合国已经公开了这个宣言，人类虽有大爱，但同样也有自私的一面。永远不要忘记：世界上有很多孩子，在他们的日常生活中，仍然享受不到这些基本的权利。"

"要对自己及所拥有的一切心怀感激，尽你所能，让这个世界变得更美好，为了那些经过你生命中的人们，尤其是为了那些不及你幸运的孩子。也许，你不能为非洲或亚洲的孩子做点什么，但在你们学校，在你们班里，有些同学正经历着你所不知的痛苦或困境。所以要善待你的同学。人人都需要知道在被爱着。"

显然，我的父母亲将这些装裱的文字挂在墙上，不仅仅是因为它们美观，而是因为他们对养育子女和家庭的远见。他们又是如何做的呢？我认为他们做得非常出色。无疑，我们兄弟儿人不时会背叛他们的梦想，给自己及家庭都造成了麻烦。父母给了我们一生的基石，我们以此为基础，将来也如此。他们是完美的父母么？当然不，他们也会率先承认这一点。但他们会告诉你：他们已经尽力做到了那时所知道的一切。你还能期待更多么？我认为不能了。将养儿育女作为重中之重，并不断努力提高，这是每个父母的伟大使命。

图书在版编目（CIP）数据

美好家庭必修课：优秀孩子的培养技巧／（美）凯利 著；宋南 译. —北京：东方出版社，2012. 5

ISBN 978-7-5060-4656-5

Ⅰ. ①美…　Ⅱ. ①凯…　②宋…　Ⅲ. ①家庭教育　Ⅳ. ①G78

中国版本图书馆 CIP 数据核字（2012）第 086724 号

美好家庭必修课：优秀孩子的培养技巧
（MEIHAO JIATING BIXIUKE: YOUXIU HAIZI DE PEIYANG JIQIAO）

作　　者：［美］马修·凯利
译　　者：宋　南
责任编辑：查长莲
出　　版：东方出版社
发　　行：人民东方出版传媒有限公司
地　　址：北京市东城区朝阳门内大街 166 号
邮政编码：100706
印　　刷：北京盛兰兄弟印刷装订有限公司
版　　次：2012 年 9 月第 1 版
印　　次：2012 年 9 月第 1 次印刷
印　　数：1—5 000 册
开　　本：880 毫米×1230 毫米　1/32
印　　张：5
字　　数：87 千字
书　　号：ISBN 978-7-5060-4656-5
定　　价：24. 00 元
发行电话：（010）65210059　65210060　65210062　65210063

如有印装质量问题，请拨打电话：（010）65210012